Crédits des recettes :
Audrey le Goff : pp. 154, 192, 194, 196 ; Aurélie Desgages : p. 150 ; Clémentine Miserolle : p. 168 ; Coralie Ferreira : pp. 198, 202, 206 ; Émilie Perrin : pp. 18, 30, 34, 102, 108, 112, 114, 116 ; Eva Harlé : pp. 14, 16, 20, 24, 34, 36, 48, 50, 66, 68, 70, 74, 204 ; Garlone Bardel : p. 62 ; Isabelle Guerre : p. 200 ; Karen Chevallier : pp. 64, 104 ; Marie-Laure André et Ella Hagege : pp. 124, 212 ; Maya Barakat-Nuq : p. 88 ; Mélanie Martin : pp. 26, 28, 80, 84, 92, 94, 144, 146, 184, 186, 188, , 210 ; Nathalie Beauvais : p. 140 ; Philippe Mérel : p. 158 ; Stéphane Bulteau : p. 122 ; Stéphanie de Turckheim : pp. 54, 56, 58, 60, 76, 100, 110, 126, 128, 130, 132, 134, 136, 142, 148, 152, 166, 170, 172, 174, 176, 178, 180, 182, 208, 214, 216, 218 ; Suzy Palatin : p. 82 ; Thomas Feller : pp. 78, 86, 156 ; Virginie Cipolla : p. 22.

Crédits des photographies :
©Bernard Radvaner : pp. 79, 155 ; ©Aimery Chemin : pp. 14, 21, 25, 35, 37, 49, 51, 65, 67, 69, 71, 75, 105, 169, 190, 193, 195, 197, 199, 203, 207 ; ©Philippe Vaurès-Santamaria pp. 63, 145, 147, 151 ; ©Aline Princet : pp. 19, 31, 35, 52, 87, 89, 93, 95, 123, 125, 201, 207, 213 ; S'Cuiz in : pp. 55, 57, 59, 61, 77, 101, 103, 109, 111, 143, 149, 153, 209 ; Rina Nurra : pp. 113, 115, 117 ; ©Eric Fénot : pp. 15, 17, 83, 141 ; ©Julie Méchali : pp. 27, 29, 81, 85 ; ©Emanuela Cino : pp. 185, 187, 189 ; ©Valéry Guédès : p. 211 ; ©Stéphane Bahic : p. 159 ; ©Maud Argaibi : pp. 127, 129, 167, 215, 217, 219 ; ©Fredéric Lucano : pp. 98, 131, 133, 135, 137, 138, 157, 171, 173, 175, 177, 179, 181, 183 ; ©Lucie Cipolla : p. 23

Direction : Catherine Saunier-Talec
Responsable éditoriale : Lisa Grall
Responsable artistique : Cecilia Rehbinder
Responsable du projet : Marie Naudet aidée de Maïa Biegatch
Fabrication : Amélie Latsch
Partenariats : Dana Lichiardopol (dlichiardopol@hachette-livre.fr)

Dépôt légal : janvier 2022
86-5300-9
ISBN : 978-2-01-946191-1
Achevé d'imprimer en Pologne par Dimograf.

Pour l'éditeur, le principe est d'utiliser des papiers composés de fibres naturelles, renouvelables, recyclables et fabriquées à partir de bois issus de forêts qui adoptent un système d'aménagement durable. En outre, l'éditeur attend de ses fournisseurs de papier qu'ils s'inscrivent dans une démarche de certification environnementale reconnue.

Retrouvez-nous
sur notre page Facebook :
et devenez fan
d'Hachette Cuisine

hachette PRATIQUE s'engage pour l'environnement en réduisant l'empreinte carbone de ses livres. Celle de cet exemplaire est de :
1,3 kg éq. CO_2
Rendez-vous sur www.hachette-durable.fr

LA COLLECTION **CARRÉMENT** CUISINE

APRÈS LE BOULOT
ASIE
BARBECUE ET PLANCHA
BÉBÉS DE 4 À 36 MOIS
CÉRÉALES ET LÉGUMINEUSES
CUISINE DU SPORTIF
ÉTATS-UNIS
ÉTUDIANTS
EXOTIQUE
EXPRESS EN MOINS DE 15 MINUTES
GÂTEAUX
GÂTEAUX MAGIQUES
GLACES ET DESSERTS GLACÉS
GRANDS CLASSIQUES DE LA CUISINE FRANÇAISE
GRANDES TABLÉES
CUISINE INRATABLE
IG BAS
JUS, SMOOTHIES ET MOCKTAILS
LIGHT
MÉDITERRANÉENNES
NOËL
PÂTES
PIZZAS, QUICHES & CAKES
PLAT COMPLET AU FOUR
PLATS TOUT-EN-UN
POUR CE SOIR
SALADES
SANS GLUTEN
SOUPES
SOUPES ET SALADES
TAJINES, COUSCOUS & CO
VEGAN
VEGGIE
VERRINES
VITAMINES
WOK
ET LA COMPIL' DES 1 000 RECETTES

SOMMAIRE

1
Apéro dînatoire express

2 Dîners froids sur le pouce

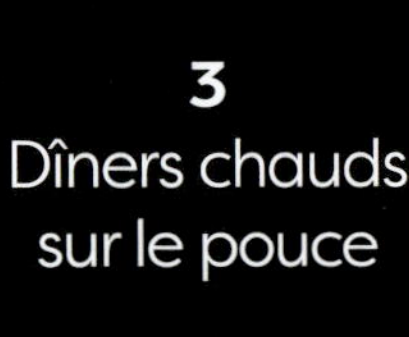

3 Dîners chauds sur le pouce

4 Plats complets express

4 Desserts en 15 min max

Fromage blanc léger, vanille, mûres et myrtilles • **198**

Salade de melons à la menthe • **200**

Crémeux au cacao, figues et framboises • **202**

Bananes flambées • **204**

Raisin au sirop léger à l'estragon • **206**

Gâteau sans cuisson aux Bastogne® et au chocolat • **208**

Soupe de chocolat aux fruits de la Passion • **210**

Poires amandine chocolat • **212**

Crème de mangue au yaourt de coco, gingembre frais râpé et coco fraîche • **214**

Ananas à la menthe et basilic avec quenelles de fromage blanc • **216**

Banane au four dans sa peau et sirop d'érable • **218**

Banana bread au mug • **220**

APÉRO DÎNATOIRE EXPRESS

Beurre de saumon

100 gr de beurre

 **10 min** de préparation

 **Matériel :** Mixeur

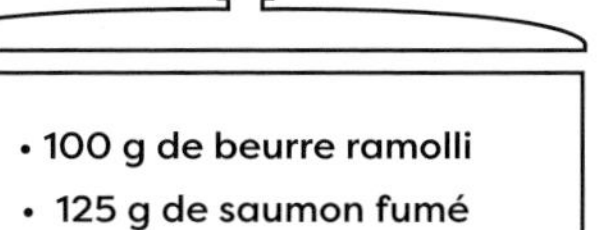

- **100 g de beurre ramolli**
- **125 g de saumon fumé**
- **3 brins d'aneth frais**

1. Sortez le beurre du réfrigérateur 15 min avant de commencer la préparation, pour qu'il ait le temps de ramollir.

2. Mixez le saumon fumé avec l'aneth. Versez dans un bol et ajoutez le beurre ramolli. Mélangez à l'aide d'une fourchette. Placez dans un récipient et mettez au frais jusqu'au moment de servir.

ASTUCE

Tartinez le beurre de saumon sur du pain de campagne grillé pour réaliser de délicieux toasts.

Rillettes de sardines au fromage frais

4 à 6 personnes

5 min de préparation

Matériel : Mixeur

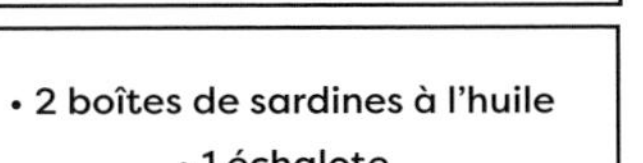

- **2 boîtes de sardines à l'huile**
- **1 échalote**
- **½ citron**
- **100 g de fromage frais aux herbes**
- **Sel, poivre**

1. Retirez l'arête centrale des sardines. Pelez et mixez l'échalote. Pressez le demi-citron.

2. Versez tous les ingrédients dans un bol et écrasez le tout à l'aide d'une fourchette. Rectifiez l'assaisonnement.

VARIANTE

Tartinez les rillettes de sardines sur du pain ou des toasts.

Tzatziki

 **6 personnes**

 **15 min** de préparation

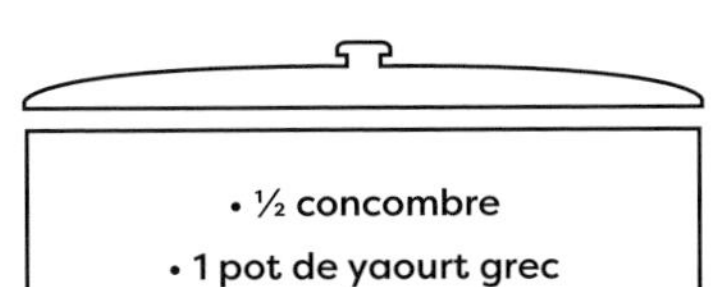

- **½ concombre**
- **1 pot de yaourt grec**
- **1 cuil. à soupe de jus de citron**
- **5 feuilles de menthe**
- **Sel, poivre**

1. Pelez et épépinez le concombre et découpez-le en petits dés.

2. Dans un bol, mélangez le yaourt grec avec le jus de citron. Ajoutez la menthe préalablement lavée et ciselée. Ajoutez les dés de concombre. Mélangez bien, salez et poivrez. Servez très frais.

CONSEIL

Le tzatziki peut se préparer deux jours à l'avance à condition de bien le conserver au frais.

Guacamole

6 personnes

10 min de préparation

Matériel : Mixeur

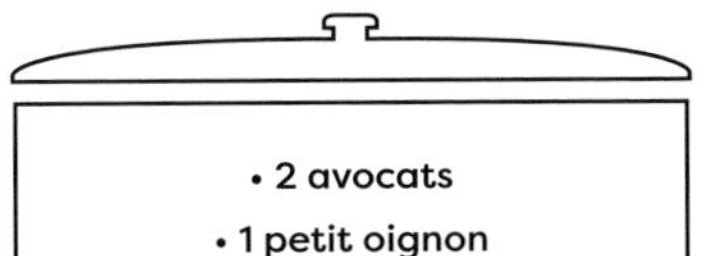

- **2 avocats**
- **1 petit oignon**
- **4 brins de coriandre**
- **2 pincées de chili en poudre**
- **1 cuil. à soupe d'huile d'olive**
- **1 cuil. à soupe de jus de citron**

1. Mettez dans le bol du mixeur la chair des avocats, l'oignon et la coriandre. Mixez une première fois puis ajoutez le chili en poudre, l'huile d'olive et le jus de citron.

2. Mixez bien à nouveau et conservez au frais.

NOTE

Conservez au frais, au maximum une journée, car le guacamole a tendance à s'oxyder malgré le jus de citron au bout de 24 h.

Mini-wraps
aux rillettes de maquereau, citron et câpres

4 personnes
15 min de préparation

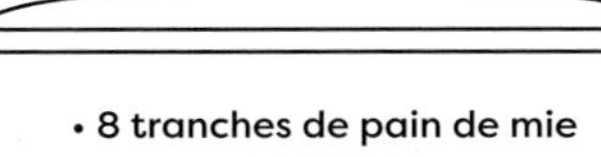

- **8 tranches de pain de mie complet**
- **2 filets de maquereaux fumés**
- **½ citron bio (ou non traité)**
- **25 cl de crème fraîche épaisse**
- **1 cuil. à café de câpres**
- **Quelques brins de ciboulette**

1. Retirez la croûte du pain de mie. À l'aide d'un rouleau à pâtisserie, aplatissez les tranches.

2. Retirez la peau et les arêtes des maquereaux. Détaillez-les en petits morceaux. Ciselez la ciboulette. Pressez le demi-citron et râpez le zeste.

3. Dans un bol, mélangez les morceaux de maquereau, la crème fraîche, la ciboulette, les câpres et le jus de citron. Ajoutez les zestes.

4. Étalez les rillettes sur les tranches de pain. Roulez et découpez pour former des mini-wraps comme des makis.

Houmous

 **4 personnes (1 bol)**

 **10 min** de préparation

Matériel : Mixeur

- **250 g de pois chiches égouttés (en conserve)**
- **1 gousse d'ail**
- **30 g de purée de sésame**
- **2 cuil. à soupe d'huile d'olive**
- **Le jus de ½ citron**
- **½ cuil. à café de cumin**
- **Sel, poivre**

1. Mixez les pois chiches à l'aide d'un mixeur en ajoutant un peu d'eau de conserve, jusqu'à l'obtention d'une pâte bien lisse et un peu épaisse.

2. Émincez l'ail finement, ajoutez-le ainsi que la purée de sésame, le jus de citron et le cumin. Salez et poivrez.

3. Versez dans un bol et ajoutez l'huile d'olive en dernier. Mélangez. Servez bien frais.

Tartines de feta aux pousses d'épinard

 **4 personnes**

 **15 min** de préparation

 **Matériel :** Grille-pain ou four

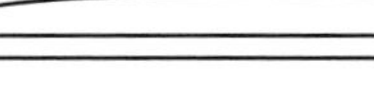

- 4 tranches de pain de campagne
- 200 g de feta
- 2 oignons nouveaux
- ½ bouquet d'aneth
- 150 g de pousses d'épinard
- 4 cuil. à soupe d'huile d'olive vierge extra
- Fleur de sel
- Poivre du moulin

1. Faites griller les tranches de pain. Émiettez la feta. Pelez et émincez les oignons nouveaux. Effeuillez et ciselez l'aneth. Lavez et essorez les pousses d'épinard.

2. Déposez sur chaque tranche de pain quelques pousses d'épinard, recouvrez de feta, ajoutez des oignons nouveaux, parsemez d'aneth. Salez légèrement et poivrez.

3. Arrosez d'huile d'olive et dégustez.

Brochettes de pastèque et feta

4 personnes

15 min de préparation

Matériel : 8 piques en bois

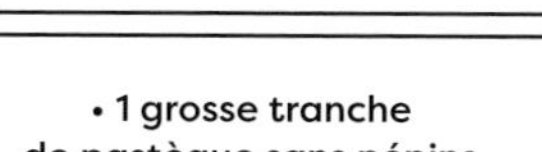

- 1 grosse tranche de pastèque sans pépins
- 200 g de feta
- 5 brins de basilic
- 3 cuil. à soupe d'huile d'olive
- Poivre du moulin

1. Coupez la pastèque et la feta en dés d'environ 2 cm. Effeuillez le basilic. Piquez sur chaque pique 1 dé de feta puis 1 dé de pastèque et enfin 1 feuille de basilic.

2. Arrosez les brochettes d'huile d'olive et poivrez.

3. Dégustez bien frais.

VARIANTES

Vous pouvez remplacer le basilic par des feuilles de menthe.

Tarama

 **6 personnes**

 **15 min** de préparation

Matériel : Mixeur

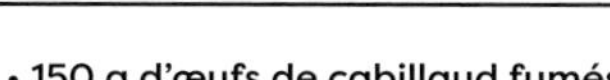

- **150 g d'œufs de cabillaud fumés**
- **1 tranche de pain de mie**
- **3 cuil. à soupe de lait**
- **1 yaourt nature**
- **½ cuil. à café de paprika**
- **1 cuil. à soupe de jus de citron**
- **1 cuil. à soupe d'huile d'olive**
- **Sel, poivre**

1. Enlevez la membrane protectrice de la poche des œufs de cabillaud. À l'aide d'une cuillère à soupe, grattez les membranes pour recueillir tous les œufs. Mettez-les dans le bol du mixeur.

2. Imbibez le pain de lait et mettez-le dans le mixeur avec le yaourt, le paprika, le jus de citron et l'huile d'olive. Mixez jusqu'à ce que le mélange soit homogène, goûtez et rectifiez l'assaisonnement si nécessaire.

3. Réservez au frais jusqu'au moment de servir.

CONSEIL

Vous pouvez réaliser le tarama deux jours à l'avance à condition de bien le conserver au frais.

Verrines de saumon, avocat et pomme verte

 **16 verrines**

 **15 min** de préparation

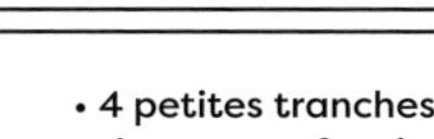

- **4 petites tranches de saumon fumé**
- **1 avocat**
- **½ pomme granny-smith**
- **1 petit pot de crème épaisse à 3 % de MG**
- **2 cuil. à soupe de jus de citron**
- **1 bonne cuil. à soupe de ciboulette**

1. Épluchez et coupez en dés l'avocat et la pomme, puis citronnez-les légèrement. Détaillez le saumon en dés.

2. Dans un saladier, mélangez la crème, le jus de citron restant, la ciboulette ciselée, l'avocat, la pomme et le saumon. Mélangez bien et disposez dans des verrines.

3. Conservez au frais jusqu'au moment de servir.

CONSEIL

Vous pouvez réaliser vos verrines 1 h à l'avance.

Mousse d'asperge et avocat

4 personnes

20 min de préparation
Matériel : Mixeur

POUR LA MOUSSE À L'ASPERGE

- 10 petites asperges (ou 4 grosses) en conserve
- 100 g de fromage blanc à 20 % M.G.
- Sel, poivre

POUR LA CRÈME D'AVOCAT

- 1 avocat bien mûr
- 1 cuil. à café de crème fraîche
- 1 cuil. à soupe de jus de citron
- 1 cuil. à café de sel de céleri
- 4 copeaux de parmesan
- Poivre

1. Préparez la mousse à l'asperge : mixez les asperges avec le fromage blanc. Salez avec le sel de céleri et poivrez puis réservez.

2. Préparez ensuite la crème d'avocat : mixez l'avocat, la crème et le jus de citron. Salez avec le sel de céleri et poivrez.

3. Répartissez la crème d'avocat dans le fond des verrines et versez la mousse par-dessus. Décorez avec un copeau de parmesan.

4. Conservez les verrines au frais jusqu'au moment de servir.

Mousse à la betterave

4 personnes

10 min de préparation

Matériel : Blender

- 2 betteraves rouges cuites
- 120 g de fromage frais
- 1 cuil. à soupe de persil frais haché
- ½ cuil. à café de cumin
- ½ cuil. à café d'ail en poudre
- Poivre

1. Mixez tous les ingrédients à l'aide d'un blender. Répartissez dans 4 verrines.

2. Servez bien frais, en entrée, avec des crevettes, une salade, des crackers...

Tartinade fèves-artichauts

12 tartines

5 min de préparation

Matériel : Mixeur

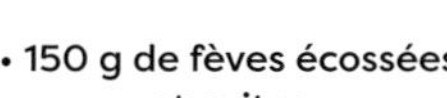

- **150 g de fèves écossées et cuites**
- **250 g de fonds d'artichauts cuits bien tendres**
- **1 petite gousse d'ail**
- **6 cl d'huile (légère en goût)**
- **2 brins de persil**
- **Sel, poivre**

1. Mixez ensemble les fèves, les fonds d'artichauts, l'ail, une pincée de sel et de poivre. Quand la purée est assez lisse, versez l'huile et continuez à mixer jusqu'à ce que la pâte soit vraiment lisse.

2. Ajoutez les feuilles de persil grossièrement hachées et mixez de nouveau. Réservez au frais en attendant de tartiner sur du pain beurré.

INFO NUTRITION

Les fèves sont des légumineuses riches en protéines, en fibres et en vitamine B9, une précieuse vitamine indispensable à la formation des globules rouges.

Tartines de saumon fumé aux agrumes

8 tartines

15 min de préparation

Matériel : Grille-pain ou four

- **1 orange**
- **1 pamplemousse**
- **4 cuil. à soupe d'huile d'olive**
- **8 tranches de pain de campagne**
- **10 g de beurre**
- **4 tranches de saumon fumé**
- **3 brins d'aneth**
- **Sel, poivre du moulin**

1. Pelez l'orange et le pamplemousse à vif et prélevez les suprêmes. Récupérez le jus des agrumes dans un bol et mélangez-le avec l'huile d'olive, du sel et du poivre. Découpez les suprêmes en petits dés et mélangez-les à la sauce.

2. Faites toaster les tranches de pain au grille-pain ou au four.

3. Beurrez les toasts puis coupez les tranches de saumon fumé en deux et placez-les sur les tartines. Recouvrez de 1 cuil. à café du mélange d'agrumes. Lavez et ciselez l'aneth et disposez-le sur les tartines. Dégustez sans attendre.

CONSEIL

Pour une touche moins amère, utilisez 2 oranges ou 1 orange et 1 clémentine au lieu du pamplemousse. L'association sera un peu plus douce.
En revanche, pour plus de caractère, ajoutez un filet de jus de citron vert à la sauce.

Brochettes de bœuf en yakitori

 **10 mini-brochettes**

 **5 min** de préparation

 **5 min** de cuisson

 **Matériel :** Piques en bois

POUR LES BOULETTES

- **2 steaks hachés**
- **4 pincées de quatre-épices**
- **1 cuil. à soupe d'huile d'olive**

POUR LA SAUCE

- **2 cuil. à soupe de sauce soja**
- **1 cuil. à soupe de vinaigre de riz**
- **1 cuil. à café de miel**
- **1 cuil. à café rase de sucre en poudre**
- **1 cuil. à café de fécule de maïs**

1. Préparez les boulettes. Dans un bol, mélangez la viande et le quatre-épices à l'aide d'une fourchette. Prenez une petite quantité de préparation dans vos mains et formez une boulette. Réservez sur une assiette. Procédez ainsi jusqu'à épuisement de la viande.

2. Préparez la sauce. Dans un bol, mélangez la sauce soja, le vinaigre de riz, le miel et le sucre.

3. Dans une poêle, faites chauffer l'huile et faites-y revenir les boulettes en les retournant régulièrement. Nappez d'un peu de sauce et placez les boulettes sur une assiette. Piquez-les afin de confectionner des brochettes.

4. Dans la poêle, faites chauffer le reste de sauce et ajoutez la fécule de maïs diluée dans un peu d'eau. Dès que la sauce épaissit, coupez le feu et nappez-en les boulettes.

CONSEIL

Vous pouvez réaliser vos boulettes à l'avance et les cuire au dernier moment.

Wraps au magret de canard sucré-salé

2 personnes

10 min de préparation

- 2 tortillas de blé ou de maïs souples
- 8 tranches de magret de canard séché
- 2 poignées de mâche
- 40 g de morbier
- 2 cuil. à café de chutney de figues
- 1 cuil. à café d'huile d'olive
- 1 cuil. à café de vinaigre de cidre
- Quelques cerneaux de noix

1. Dans un bol, assaisonnez la mâche avec l'huile et le vinaigre. Taillez le morbier en bâtonnets.

2. Sur les tortillas, étalez le chutney de figues, disposez les tranches de magret de canard, le morbier et la salade. Parsemez de cerneaux de noix concassés. Roulez les tortillas et servez aussitôt.

Tartare de crevettes
pomme et concombre

4 personnes
15 min de préparation

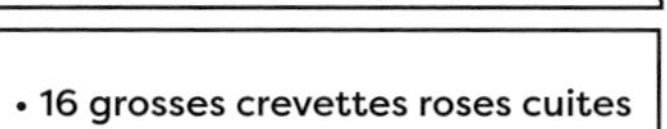

- 16 grosses crevettes roses cuites
- 1 pomme granny-smith
- ¼ de concombre
- ½ citron vert
- 3 brins de coriandre
- 4 cuil. à soupe d'huile d'olive vierge extra
- Sel, poivre du moulin

1. Pressez le demi-citron dans un grand récipient, versez l'huile d'olive en émulsionnant avec un fouet.

2. Décortiquez les crevettes et coupez-les en petites rondelles. Pelez le quart de concombre, coupez-le en deux, retirez- en les graines, puis taillez-en chaque moitié en petits dés. Épluchez la pomme, retirez-en le cœur et coupez-la en dés également.

3. Versez tous ces ingrédients dans le récipient contenant la vinaigrette, salez, poivrez et mélangez soigneusement. Au moment de servir, ajoutez la coriandre hachée. Dégustez bien frais.

VARIANTE

Pour un repas de fête, remplacez les crevettes par des langoustines.

Tapenade

4 personnes (1 bol)

 **10 min** de préparation

 **Matériel :** Mixeur ou pilon

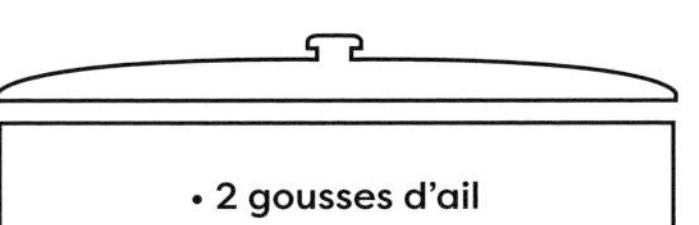

- **2 gousses d'ail**
- **250 g d'olives noires dénoyautées**
- **80 g d'anchois à l'huile**
- **50 g de câpres égouttées**
- **Le jus de 1 citron**
- **Poivre**

1. Épluchez les gousses d'ail.

2. Mixez tous les ingrédients à l'aide d'un petit mixeur par à-coups jusqu'à ce que la texture soit bien lisse. Vous pouvez également utiliser un pilon.

3. Déposez dans un petit bol pour le service.

Sandwich cake

 **6 personnes**

 **15 min** de préparation

Matériel : Mandoline

- ½ concombre
- 150 g de fromage blanc
- 100 g de fromage frais ail et fines herbes
- 1 cuil. à café de jus de citron
- 5 tranches de pain suédois
- 5 tranches de saumon fumé
- Poivre

POUR LE GLAÇAGE ET LA DÉCO

- 150 g de fromage frais
- 10 tomates cerise
- 3 radis roses
- Quelques feuilles de basilic
- 1 botte de ciboulette
- Poivre

1. Épluchez le concombre et coupez-le en fines lamelles à l'aide d'une mandoline.

2. Dans un saladier, mélangez le fromage blanc, le fromage ail et fines herbes et le jus de citron. Poivrez.

3. Déposez un pain suédois sur le plat de service. Tartinez-le de la préparation au fromage et recouvrez de lamelles de concombre. Déposez un deuxième pain tartiné de fromage et recouvrez-le de saumon fumé. Continuez d'alterner les couches en terminant par un pain.

4. Préparez le glaçage : dans un bol, mélangez le fromage frais et le poivre. Recouvrez tout le sandwich cake avec le glaçage. Lissez le tout à l'aide d'une spatule.

5. Décorez le dessus du sandwich cake avec des tomates cerise coupées en deux, des lamelles de radis et des feuilles de basilic. Coupez les brins de ciboulette de différentes tailles et placez-les tout autour du sandwich cake. Placez au frais jusqu'au moment de servir.

DÎNERS FROIDS SUR LE POUCE

Club sandwich au poulet

1 personne

5 min de préparation

Matériel : Grille-pain, papier absorbant

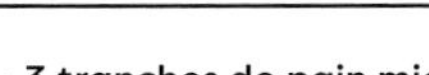

- **3 tranches de pain mie**
- **1 tranche de blanc de poulet**
- **2 tranches de bacon déjà cuit**
- **1 tranche de fromage**
- **1 tomate**
- **1 feuille de laitue**
- **2 cuil. à soupe de mayonnaise**

1. Passez les tranches de pain de mie au grille-pain. Lavez la feuille de laitue et épongez-la. Lavez la tomate et coupez-la en rondelles.

2. Tartinez une première tranche de pain avec 1 cuil. à soupe de mayonnaise, garnissez-la avec la tranche de poulet, la tranche de fromage et 2 tranches de bacon.

3. Tartinez une autre tranche de pain de mie avec le restant de mayonnaise, ajoutez la feuille de salade et les rondelles de tomate. Déposez le tout sur la préparation précédente, puis refermez avec la dernière tranche de pain. Pressez le sandwich avec la paume de la main et coupez-le en deux avant de le déguster.

CONSEIL

Mélangez la mayonnaise à du ketchup ou à de la moutarde forte.

VARIANTE

Remplacez la tranche de poulet par du jambon blanc ou du jambon de dinde.

partiel anglais
vendredi 10h
amphi 8

Bagel NY cream cheese et saumon fumé

1 personne

5 min de préparation

Matériel : Grille-pain ou four

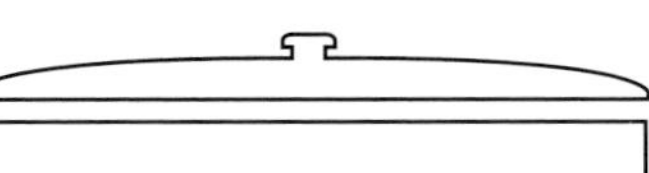

- **1 bagel**
- **2 tranches de saumon fumé**
- **2 cuil. à soupe de cream cheese (type Philadelphia®)**
- **6 rondelles de concombre**
- **2 rondelles d'oignon rouge**

1. Coupez le bagel en deux dans l'épaisseur et faites-le griller légèrement dans un grille-pain ou au four.

2. Tartinez la partie inférieure du bagel de cream cheese. Ajoutez les rondelles de concombre, les tranches de saumon et les rondelles d'oignon rouge.

3. Posez le « chapeau » du bagel et dégustez immédiatement.

CONSEIL

Ajoutez une couche de tarama sur le cream cheese.

VARIANTE

Remplacez le cream cheese par du Kiri®, du St Môret® ou du Boursin®.

DC

Sandwich suédois aux harengs doux, crème ciboulette

 **1 personne**

 **5 min** de préparation

Matériel : Bol

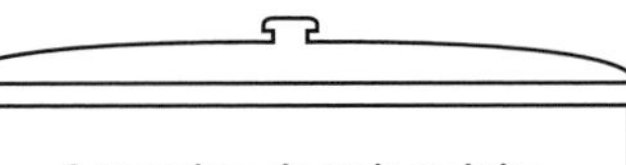

- **2 tranches de pain polaire**
- **3 harengs doux**
- **2 cuil. à soupe de crème fraîche épaisse**
- **1 cuil. à soupe de ciboulette ciselée**
- **1 petit oignon blanc**
- **Le jus de 1 citron**

1. Coupez les harengs doux en morceaux. Mettez-les dans le bol, ajoutez la crème fraîche, le jus de citron et la ciboulette ciselée. Mélangez le tout.

2. Déposez la préparation sur une tranche de pain polaire. Épluchez et coupez l'oignon en rondelles ; ajoutez-les sur la préparation. Couvrez avec la tranche restante et dégustez.

CONSEIL

Faites légèrement chauffer le pain polaire et, comme les Suédois, dégustez-le avec de la confiture d'airelles.

VARIANTES

Remplacez la crème fraîche par un yaourt grec ou du fromage blanc.
Utilisez du pain noir ou du pain de seigle à la place du pain polaire.

Wrap au thon, avocat, roquette et fromage frais

1 personne

8 min de préparation

Matériel : 2 bols, passoire

- **1 tortilla de blé**
- **1 fromage frais de type carré frais Gervais®**
- **1 petite boîte de thon à l'huile**
- **1 avocat**
- **1 poignée de roquette**
- **Le jus de 1 citron**
- **2 gouttes de Tabasco®**
- **1 pincée de sel, 1 pincée de poivre**

1. Mettez le fromage frais dans un bol. Égouttez le thon, ajoutez-le dans le bol. Mélangez bien à l'aide d'une fourchette. Étalez le mélange sur toute la surface de la tortilla.

2. Coupez l'avocat en deux, retirez-en le noyau. Prélevez la chair et mettez-la dans l'autre bol. Ajoutez le jus de citron et le Tabasco®. Salez et poivrez. Mélangez bien. Étalez ce mélange sur le précédent. Ajoutez la roquette, roulez la tortilla sur elle-même, puis coupez-la en deux. Dégustez.

CONSEIL

Faites légèrement chauffer la tortilla au-dessus d'un grille-pain ou dans une poêle antiadhésive.

VARIANTE

Selon les goûts, utilisez du thon au naturel ou à l'huile.
Vous pouvez aussi remplacer le thon par des sardines ou du jambon de pays.

Tian cru de concombre au fromage blanc et ciboulette

4 personnes

10 min de préparation

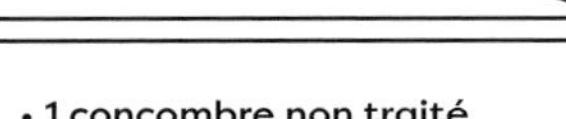

- 1 concombre non traité

POUR LA SAUCE

- ½ botte de menthe
- ½ botte de ciboulette
- 4 cuil. à soupe de fromage blanc
- 2 cuil. à soupe d'huile d'olive
- Sel, poivre du moulin

1. Lavez et coupez le concombre en très fines tranches au couteau ou à la mandoline.

2. Préparez la sauce au fromage blanc : lavez et séchez la menthe et la ciboulette, puis ciselez-les finement. Dans un petit bol, mélangez le fromage blanc, l'huile d'olive et les herbes. Salez, poivrez.

3. Dans un plat, disposez les lamelles de concombre et recouvrez de la sauce au fromage blanc.

CONSEIL

Servez en entrée ou en accompagnement.

VARIANTE

Pour un plat plus relevé, vous pouvez parfumer le fromage blanc avec 1 cuil. à soupe de curry.

Râpé de potimarron et carotte

4 personnes

15 min de préparation

- **200 g de potimarron**
- **200 g de carottes**
- **1 gousse d'ail**
- **8 brins de persil plat**
- **2 cuil. à soupe de vinaigre balsamique**
- **1 cuil. à café de moutarde**
- **2 cuil. à soupe d'huile de colza**
- **2 cuil. à soupe d'huile d'olive**
- **3 poignées de graines de courge**
- **1 pincée de sel**

1. Épluchez le potimarron et les carottes, râpez-les.

2. Épluchez la gousse d'ail et effeuillez le persil. Pressez l'ail et hachez le persil. Réservez.

3. Dans un bol, préparez une vinaigrette. Versez le vinaigre, ajoutez le sel, puis la moutarde. Délayez avec les huiles et enfin incorporez 1 cuil. à soupe d'eau pour alléger la vinaigrette. Ajoutez le persil et l'ail et mélangez.

4. Disposez le mélange potimarron-carottes dans le plat de service et versez un peu de vinaigrette par-dessus. Ajoutez les graines de courge. C'est prêt !

ASTUCE

Beaucoup de courges peuvent se déguster crues, essayez avec une courge butternut ou une courge musquée.

Salade rouge d'été

2-3 personnes

15 min de préparation

- 1 poivron rouge
- 15 tomates cerise
- ¼ de pastèque
- Quelques feuilles de salade verte
- 1 filet d'huile d'olive
- 1 filet de vinaigre balsamique
- Sel, poivre

1. Rincez le poivron et les tomates. Coupez le poivron en fines lamelles. Coupez les tomates cerise en deux. Coupez la pastèque en morceaux. Déposez le tout dans un saladier, salez et poivrez.

2. Arrosez d'huile d'olive et de vinaigre balsamique. Mélangez et conservez au frais jusqu'au moment du repas.

3. Ajoutez les feuilles de salade verte au moment de servir.

Salade de crevettes-mâche-orange

 **2 personnes**

 **15 min** de préparation

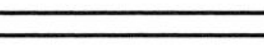

- **1 orange non traitée**
- **2 cuil. à soupe d'huile d'olive**
- **2 cuil. à soupe de vinaigre balsamique**
- **8 crevettes roses**
- **125 g de mâche**
- **Copeaux de parmigiano reggiano**
- **Sel, poivre**

1. Pelez l'orange à vif et récoltez les quartiers, réservez. Récoltez le reste de l'orange ainsi que la peau de l'orange et pressez pour récolter le jus pour réaliser la vinaigrette.

2. Dans un petit bol, mélangez l'huile d'olive, le vinaigre balsamique et le jus récupéré de l'orange. Salez et poivrez.

3. Décortiquez les crevettes.

4. Dans un saladier, disposez la mâche, versez la vinaigrette par-dessus et mélangez. Déposez les crevettes puis les quartiers d'orange. En dernier, déposez quelques copeaux de parmesan sur la salade.

Millefeuille de betteraves

4 personnes

20 min de préparation

- 50 g de noisettes
- 60 g de chèvre frais
- 60 g de fromage blanc
- 2 cuil. à soupe de ciboulette fraîche ciselée
- 3 cuil. à soupe d'huile d'olive
- 1 cuil. à soupe d'huile de noisette
- 2 cuil. à soupe de vinaigre Melfor
- 3 betteraves rouges cuites
- 100 g de mâche
- Sel, poivre

1. Concassez les noisettes. Réservez.

2. Dans un bol, mélangez le chèvre frais et le fromage blanc. Salez, poivrez et ajoutez la ciboulette.

3. Dans un autre bol, préparez la vinaigrette : mélangez l'huile d'olive, l'huile de noisette et le vinaigre de melfor. Salez et poivrez.

4. Coupez les betteraves en rondelles régulières d'environ 0,5 cm d'épaisseur. Comptez 3 rondelles par personne.

5. Déposez sur une assiette la première rondelle, puis tartinez-la avec la préparation à base de fromage de chèvre. Recouvrez d'une autre rondelle de betterave, tartinez à nouveau puis recouvrez avec une dernière rondelle de betterave. Ajoutez les feuilles de mâche, arrosez de vinaigrette et saupoudrez de noisettes concassées.

Salade de courgettes crues à la feta et à la menthe

 **4 personnes**

 **10 min** de préparation

 **Matériel :** Rasoir à julienne ou mandoline

- 4 courgettes jeunes et non traitées
- 150 g de feta
- 2 brins de menthe
- Huile d'olive
- Vinaigre balsamique blanc ou jus de citron
- Sel, poivre du moulin

1. Lavez et détaillez les courgettes, sans les éplucher, en longs filaments à l'aide d'un rasoir à julienne ou d'une mandoline.

2. Coupez la feta en petits dés. Dans le saladier, mélangez les courgettes, la feta et la menthe ciselée.

3. Assaisonnez à votre goût avec 1 filet d'huile d'olive, un peu de vinaigre ou de jus de citron, du sel et du poivre.

CONSEIL

Détaillez bien les légumes en julienne au rasoir ou à la mandoline, car la râpe a tendance à faire ressortir l'eau des légumes et cela détremperait la salade en créant trop de jus.

Salade d'endives aux noisettes et pomme

2 personnes
10 min de préparation

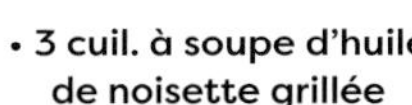

- 3 cuil. à soupe d'huile de noisette grillée
- 2 cuil. à soupe de vinaigre
- 1 cuil. à soupe de crème liquide
- 2 endives
- 1 pomme (royal gala)
- 50 g de noisettes
- Sel, poivre

1. Préparez la vinaigrette : mélangez l'huile de noisette, le vinaigre et la crème. Salez, poivrez.

2. Rincez les endives sous un filet d'eau froide et égouttez-les. Coupez-les en tronçons de 1 cm environ et déposez-les au fur et à mesure dans un saladier.

3. Rincez la pomme, ôtez le trognon et coupez-la en cubes. Déposez-les également dans le saladier. Ajoutez les noisettes entières et mélangez.

4. Versez la vinaigrette par-dessus. Mélangez et servez.

Tartare de saumon cru, mangue et échalote

 **1 personne**

 **8 min** de préparation

Matériel : Bol

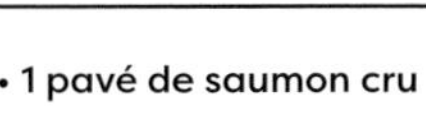

- 1 pavé de saumon cru
- ½ mangue
- 1 petit oignon blanc
- Le jus de 1 citron
- 1 filet d'huile d'olive
- Sel, poivre

1. Ôtez d'un coup sec la peau du filet de saumon. Coupez-le ensuite en petits morceaux. Épluchez la mangue et coupez-la en deux. Détaillez-en la moitié en petits morceaux (conservez l'autre moitié pour un autre usage). Épluchez l'oignon et hachez-le finement.

2. Mettez tous les ingrédients dans le bol, versez le jus de citron et l'huile d'olive. Salez, poivrez puis mélangez bien. À l'aide d'une cuillère, tassez la préparation dans le bol. Démoulez le tartare sur une assiette et dégustez-le aussitôt.

CONSEIL

Ajoutez 1 tomate coupée en petits dés et un peu de persil plat frais ou de coriandre.

VARIANTE

Remplacez le saumon par un dos de cabillaud.

Makis au saumon

4 personnes

15 min de préparation

Matériel : Natte en bambou

- 1 petit concombre
- 200 g de pavés de saumon
- 1 avocat mûr
- 3 feuilles de nori (feuilles d'algues japonaises)
- 200 g de riz rond japonais cuit
- ½ cuil. à café de wasabi
- 1 verre d'eau additionné de 1 cuil. à soupe de vinaigre de riz pour humidifier les ingrédients, les ustensiles et vos mains

1. Épluchez le concombre et coupez-le en deux dans le sens de la longueur. Retirez les graines se trouvant au centre. Coupez-le ensuite en bâtonnets de 5 cm de long sur 0,5 cm d'épaisseur.

2. Détaillez le saumon de la même manière que le concombre. Coupez l'avocat en deux afin de retirer le noyau et décollez la chair en passant délicatement une cuillère entre la chair et la peau.

3. Étalez la natte en bambou et humidifiez-la avec un peu d'eau. Coupez les feuilles de nori aux deux tiers de leur longueur pour obtenir des feuilles rectangulaires (vous n'utiliserez pas le tiers restant) et posez-en une sur la natte. Humidifiez-la légèrement à l'aide de vos doigts.

4. Humidifiez légèrement vos mains à l'eau vinaigrée, puis prenez un tiers du riz et posez-le au centre de la feuille de nori. Étalez-le sur toute la longueur en un boudin de 3 cm de large.

5. Au centre du riz, étalez une très fine couche de wasabi et posez le poisson par-dessus. Soulevez le bord de la natte le plus proche de vous et repliez-la sur le rouleau de maki. Serrez la natte entre vos doigts, puis enroulez-la complètement sur les makis et appuyez bien dessus pour tasser le riz et refermer les makis.

6. Retirez le rouleau de la natte et posez-le sur une planche à découper. Coupez-le en deux parts égales. Alignez-les, rapprochez-les et coupez de nouveau en 3 morceaux, pour obtenir 6 makis de forme et de taille identiques.

7. Renouvelez l'opération avec un maki saumon-concombre et un maki saumon-avocat. À servir avec de la sauce soja, du gingembre et du wasabi.

Salade de tomates, huile de menthe et olives kalamata

4 personnes

15 min de préparation

Matériel : Grille-pain, robot mixeur

- 400 g de différentes variétés de tomates
- 10 olives kalamata dénoyautées
- 200 g de feta
- 8 rondelles de pain
- 1 gousse d'ail pelée
- 3 cuil. à soupe d'huile d'olive vierge extra

POUR L'HUILE DE MENTHE

- 1 gros bouquet de menthe
- 7 cuil. à soupe d'huile d'olive vierge extra
- 1 pincée de sel

1. Faites griller les rondelles de pain puis frottez-les avec la gousse d'ail. Versez sur chaque rondelle 1 filet d'huile d'olive.

2. Préparez l'huile de menthe. Effeuillez la menthe, placez les feuilles dans un mixeur, versez l'huile d'olive et mixez le tout avec 1 pincée de sel.

3. Coupez en deux ou en quatre les tomates et les olives. Émiettez la feta. Mélangez tous les ingrédients et assaisonnez avec l'huile de menthe.

4. Dégustez froid accompagné des toasts de pain à l'ail.

Carpaccio de daurade au colombo

4 personnes

15 min de préparation

Matériel : Mandoline (ou râpe à gros trous), pinceau de cuisine

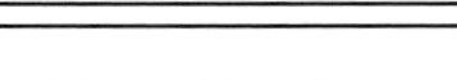

- **600 g de filets de daurade**
- **1 petite courgette**
- **1 petit oignon**
- **6 cives**
- **Le jus de 1 citron vert**
- **1 cuil. à café de gingembre râpé**
- **1 cuil. à café de poudre à colombo**
- **3 cuil. à soupe d'huile de tournesol**
- **Sel, poivre du moulin**

1. Demandez au poissonnier de vous préparer les filets de daurade en carpaccios. Réservez-les au réfrigérateur.

2. Lavez la courgette, essuyez-la et émincez-la en rondelles très fines à l'aide de la mandoline. Épluchez l'oignon et les cives, lavez-les. Émincez l'oignon sur la mandoline (ou râpez-le avec une râpe à gros trous), et ciselez très finement les cives.

3. Dans un bol, mélangez le jus de citron vert, du sel, du poivre, le gingembre râpé et la poudre à colombo. Dans un premier temps, étalez la sauce sur le poisson à l'aide du pinceau de cuisine, de façon à ce que chaque tranche de poisson en soit imprégnée.

4. Disposez les tranches de poisson sur chaque assiette et mettez au milieu un petit tas de rondelles de courgettes crues, puis parsemez le tout de rondelles d'oignon et de cives ciselées. Terminez en versant en filet un peu de sauce sur chaque carpaccio.

Salade grecque

 **4 personnes**

 **20 min** de préparation

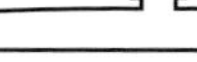

- **200 g de feta**
- **3 tomates**
- **1 concombre**
- **1 poivron vert**
- **1 oignon rouge**
- **80 g d'olives kalamata**
- **2 brins de menthe**
- **2 brins de basilic**
- **2 cuil. à soupe de jus de citron jaune**
- **3 cuil. à soupe d'huile d'olive**
- **Fleur de sel**

1. Coupez les tomates en six et le concombre non épluché en rondelles. Taillez le poivron en deux, épépinez-le, ôtez les membranes blanches puis coupez-le en lanières. Pelez et émincez l'oignon rouge. Effeuillez et ciselez la menthe et le basilic. Émiettez la feta.

2. Dans un petit bol, émulsionnez l'huile d'olive avec le jus de citron et 1 belle pincée de fleur de sel.

3. Dans un saladier, réunissez tous les ingrédients et assaisonnez avec la vinaigrette au citron. Mélangez délicatement.

4. Dégustez froid.

Salade d'avocat au crabe

6 personnes

20 min de préparation

Matériel : Presse-agrumes, mixeur

- **1 botte de coriandre**
- **1 botte de menthe**
- **½ botte de ciboulette thaïe ou ciboule**
- **1 échalote**
- **1 avocat bien mûr**
- **100 g de chair de crabe égouttée**
- **Quelques galettes de riz**
- **2 cuil. à soupe de lait de coco**

POUR LA SAUCE

- **1 gousse d'ail**
- **2 citrons verts**
- **1 petit piment séché**
- **1 cuil. à soupe de sucre de palme ou de cassonade**
- **1 cuil. à soupe de sauce soja**
- **1 cuil. à soupe de sauce nuoc-mâm**

1. Commencez par préparer la sauce. Épluchez la gousse d'ail et pressez les citrons. Assemblez tous les ingrédients dans le bol du mixeur et mixez jusqu'à obtention d'une sauce homogène.

2. Effeuillez la coriandre et la menthe. Émincez finement la ciboulette. Pelez l'échalote et émincez-la finement également. Coupez l'avocat en deux, retirez le noyau et détaillez la chair en petits cubes.

3. Dans un saladier, mélangez la sauce avec les herbes, l'avocat, le crabe et l'échalote. Décorez avec les galettes de riz et arrosez de lait de coco avant de servir.

VARIANTE

Vous pouvez remplacer l'avocat par de l'ananas, des pamplemousses, des cœurs de palmier ou des tomates cerise.

Fattouche

6 personnes

25 min de préparation

- 1 pain arabe grillé (ou, à défaut, 4 tranches de baguette grillée)
- 1 salade romaine
- 4 tomates
- 1 concombre
- 1 oignon
- 2 gousses d'ail (facultatif)
- 30 g d'olives noires (facultatif)
- 1 bouquet de persil plat
- 1 bouquet de menthe
- 1 bouquet de pourpier (facultatif)
- 4 cuil. à soupe d'huile d'olive
- Le jus de 1 citron (ou vinaigre, selon votre goût)
- 2 cuil. à café de sumac
- 2 cuil. à café de menthe séchée
- Sel, poivre

1. Cassez le pain en morceaux au-dessus d'un saladier.

2. Lavez tous les légumes, séchez-les. Équeutez les bouquets de persil, de menthe et de pourpier.

3. Hachez grossièrement la menthe et l'oignon, coupez les tomates et les concombres en petits dés.

4. Mélangez tous les ingrédients dans le saladier et assaisonnez au citron ou au vinaigre (ou un mélange des deux) et à l'huile d'olive. Salez et poivrez.

À SAVOIR

Inspiré par le sens de l'économie des ménagères libanaises qui incorporaient dans leur salade les restes de pain sec, le fattouche a depuis longtemps acquis ses lettres de noblesse. On n'hésite pas à faire griller du pain spécialement pour le préparer. Certains font frire les petits morceaux de pain, ce qui est délicieux mais, bien sûr, plus calorique que la version présentée ici !

Taboulé de brocoli

 **4 personnes**

 **15 min** de préparation

Sans gluten

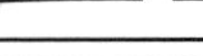

- **1 tête de brocoli**
- **Le jus de 1 citron**
- **1 petit oignon frais**
- **1 gousse d'ail**
- **Quelques feuilles de menthe fraîche**
- **1 poignée d'amandes émondées**
- **3 cuil. à soupe d'huile d'olive**
- **Sel, poivre**

1. Coupez la tête de brocoli en bouquets et lavez-les.

2. À l'aide d'un couteau aiguisé, prélevez les boutons floraux des bouquets (les petites graines vertes). Vous pourrez faire une purée ou une quiche avec les restes de brocoli.

3. Faites mariner les boutons floraux du brocoli dans le jus de citron.

4. Pendant ce temps, épluchez l'oignon et la gousse d'ail. Hachez-les, ainsi que les feuilles de menthe. Mélangez-les et ajoutez-les sur le brocoli.

5. Concassez grossièrement les amandes et ajoutez-les.

6. Versez l'huile d'olive par-dessus, salez, poivrez et mélangez une dernière fois avant de servir.

Blt
(Bacon, laitue, tomate)

4 personnes

25 min de préparation

5 min de cuisson

Matériel : Grille-pain

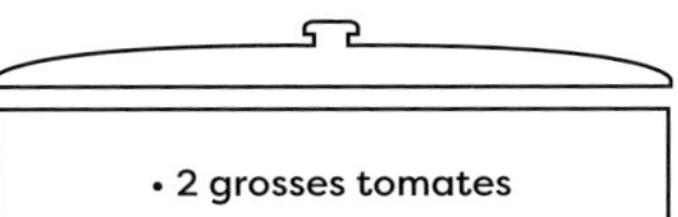

- **2 grosses tomates**
- **1 cœur de laitue**
- **5 cuil. à soupe de mayonnaise**
- **8 tranches de lard**
- **12 tranches de pain de mie**

1. Lavez les tomates, retirez le pédoncule et coupez-les en rondelles. Lavez et hachez la salade en lanières. Mélangez-la avec 1 grosse cuillerée à soupe de mayonnaise.

2. Dans une poêle chaude, faites dorer les tranches de lard et déposez-les ensuite sur une feuille de papier absorbant.

3. Toastez les tranches de pain de mie ; une fois refroidies, tartinez-les d'une fine couche de mayonnaise sur une face uniquement.

4. Disposez sur 8 tranches de pain côté mayonnaise un peu de salade, 1 à 2 rondelles de tomate et 1 tranche de lard.

5. Superposez les tranches de pain garnies deux par deux et refermez avec une tranche de pain mie tartinée de mayonnaise.

6. Enfoncez les piques dans les clubs sandwichs puis coupez-les en deux dans la diagonale pour obtenir deux triangles. Dégustez aussitôt.

Salade Caesar

4 personnes

25 min de préparation

5 à 10 min de cuisson

- **60 g de parmesan**
- **1 salade romaine**
- **3 tranches de pain sans la croûte**
- **2 filets de poulet**
- **½ citron**
- **1 verre d'huile d'olive**
- **Sel, poivre**

POUR LA SAUCE

- **1 gousse d'ail**
- **1 jaune d'œuf**
- **1 cuil. à café de moutarde Colman's® (ou Savora®)**
- **2 cuil. à soupe d'huile d'olive**
- **1 cuil. à soupe de vinaigre blanc**
- **1 cuil. à café de sauce Worcestershire**

1. Râpez la moitié du parmesan et taillez le reste en copeaux à l'aide d'un économe.

2. Préparez la sauce : pelez et hachez la gousse d'ail. Dans un récipient, mélangez au fouet le jaune d'œuf, la moutarde et l'ail. Versez un petit filet d'huile d'olive et commencez à monter la sauce en mayonnaise. Incorporez progressivement l'huile d'olive sans cesser de fouetter. Une fois que la mayonnaise a une consistance bien ferme, versez le vinaigre blanc et la sauce Worcestershire. Ajoutez le parmesan râpé et mélangez bien. Mettez de côté.

3. Lavez et coupez la base de la salade puis taillez-la en tronçons d'environ 4 cm puis coupez chaque tronçon en quatre.

4. Coupez les tranches de pain en dés et faites-les dorer dans une poêle chaude avec 1 cuil. à soupe d'huile d'olive. Débarrassez sur du papier absorbant. Coupez les filets de poulet en lanières et faites-les revenir dans la poêle chaude avec un peu d'huile d'olive. Une fois que le poulet est bien doré, pressez par-dessus le jus du demi-citron. Salez, poivrez et remuez.

5. Disposez dans chaque assiette de la salade, quelques croûtons de pain et des lanières de poulet. Nappez de sauce et ajoutez quelques copeaux de parmesan. Dégustez aussitôt.

Bagel olé !

 **4 personnes**

 **10 min** de préparation

 **2 min** de cuisson

Matériel : Four ou grille-pain

- 4 pains à bagel
- 20 fines tranches de chorizo doux
- 12 demi-tomates séchées marinées dans l'huile d'olive
- 150 g de fromage frais de type St Môret®
- 2 cuil. à soupe de crème fraîche
- 1 cuil. à café de purée de piment
- 2 cuil. à soupe de coriandre fraîche ciselée
- 50 g de mâche

1. Faites chauffer une poêle à revêtement antiadhésif. Faites griller les tranches de chorizo pendant 1 min sur chaque face. Coupez les demi-tomates séchées en deux.

2. Dans un bol, mélangez le fromage frais avec la crème, la purée de piment et la coriandre ciselée.

3. Ouvrez les bagels en deux et faites-les griller au four ou au grille-pain. Tartinez les deux moitiés de fromage frais au piment. Sur la partie inférieure des bagels, ajoutez les tranches de chorizo grillées, les tomates séchées et la mâche. Recouvrez avec la partie supérieure et dégustez.

DÎNERS CHAUDS SUR LE POUCE

Grilled cheese à la raclette et au jambon

1 personne

5 min de préparation

8 min de cuisson

Matériel : Poêle

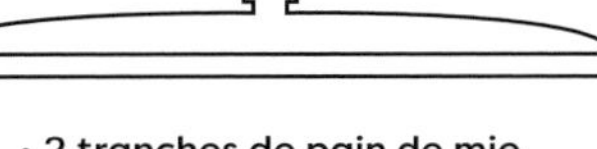

- 2 tranches de pain de mie
- 1 tranche de jambon fumé
- 2 tranches de fromage à raclette
- 1 noix de beurre (10 g)
- 1 filet d'huile d'olive

1. Beurrez les tranches de pain de mie sur une face. Déposez sur la face non beurrée d'une des tranches de pain, les tranches de fromage à raclette et la tranche de jambon fumé. Couvrez avec la seconde tranche de pain de mie, côté beurré à l'extérieur.

2. Faites chauffer le filet d'huile dans la poêle, déposez-y le sandwich. Appuyez dessus afin qu'il grille bien. Retournez-le et faites griller l'autre côté.

3. Quand le fromage est coulant, c'est prêt. Dégustez immédiatement.

CONSEIL

Ajoutez 2 cornichons coupés en deux dans leur longueur.

VARIANTE

Remplacez le fromage à raclette par du cheddar.

Salade de chèvre chaud au miel

2 personnes

15 min de préparation

5 à 8 min de cuisson

Matériel : Four

POUR LES TARTINES

- ½ baguette
- ½ bûche de chèvre
- 2 cuil. à café de crème liquide
- 1 cuil. à café de miel

POUR LA SALADE

- 1 batavia
- 1 tomate
- 1 oignon frais
- 4 figues fraîches
- 2 cuil. à soupe de haricots rouges en boîte
- Persil, ciboulette
- 2 cuil à café de gomasio

POUR LA VINAIGRETTE

- 1 cuil. à café de moutarde forte
- 3 cuil. à soupe d'huile d'olive
- 1 cuil. à soupe de vinaigre balsamique

1. Préchauffez le four à 180 °C (th. 6). Coupez le pain dans la longueur. Tranchez le chèvre en lamelles. Sur les 2 morceaux de pain, répartissez les lamelles de chèvre, la crème et le miel. Enfournez pour 5 à 8 min.

2. Pendant ce temps, préparez la salade : lavez la batavia ; lavez la tomate et coupez-la en rondelles. Pelez et émincez l'oignon ; coupez les figues en quatre. Dans 2 assiettes de service, disposez la salade, la tomate, l'oignon, les haricots rouges et les figues. Émincez les herbes.

3. Dans un bol, préparez la vinaigrette : à l'aide d'un petit fouet, mélangez la moutarde en versant l'huile puis le vinaigre.

4. Arrosez la salade de la vinaigrette, saupoudrez d'herbes et de gomasio. Disposez le pain et servez aussitôt.

Croque-monsieur vert

 **4 personnes**

 **10 min** de préparation

 **3 min** de cuisson

 **Matériel :** Mixeur, appareil à croque-monsieur

- 8 tranches de pain de mie
- 1 bouquet de basilic
- 2 gousses d'ail
- 1 poignée d'amandes entières
- 1 avocat
- 8 feuilles de laitue
- 2 poignées de roquette
- 2 tomates green zebra (ou, à défaut, une autre variété)
- 3 cuil. à soupe d'huile d'olive
- 1 pincée de sel

1. Rincez le basilic et effeuillez-le. Déposez les feuilles dans le bol du mixeur. Épluchez les gousses d'ail, dégermez-les et ajoutez-les dans le mixeur avec les amandes entières, l'huile d'olive et le sel. Mixez pour obtenir une pâte onctueuse.

2. Répartissez cette préparation sur les tranches de pain de mie.

3. Épluchez l'avocat, ôtez le noyau et coupez sa chair en lamelles. Répartissez-les sur 4 tranches de pain de mie. Ajoutez par-dessus 2 feuilles de laitue dont vous aurez pris soin de retirer la nervure centrale.

4. Répartissez la roquette par-dessus et enfin les tomates lavées et coupées en rondelles. Fermez les croque-monsieur avec les tranches de pain de mie restantes.

5. Faites chauffer l'appareil à croque-monsieur. Faites cuire 3 min par croque-monsieur et servez aussitôt.

ASTUCE

Pas de basilic sous la main ? Optez pour du persil plat, de la coriandre ou encore des pousses d'épinards.

Œuf cocotte garni et mouillettes

 **1 personne**

 **5 min** de préparation

 **15 min** de cuisson

 **Matériel :** Petit ramequin allant au four, grille-pain

- **1 œuf**
- **2 tranches de bacon**
- **2 cuil. à soupe de crème fraîche**
- **2 cuil. à soupe de gruyère râpé**
- **1 noix de beurre (10 g)**
- **2 tranches de pain de mie**
- **Poivre**

1. Préchauffez le four à 180 °C (th. 6). Beurrez le petit ramequin. Déposez au fond 1 cuil. à soupe de crème fraîche, puis 1 tranche de bacon, cassez l'œuf, ajoutez la deuxième tranche de bacon, la crème restante, puis le gruyère râpé. Poivrez. Faites cuire au four pendant 15 min.

2. Pendant ce temps, faites griller les tranches de pain de mie dans un grille-pain ou au four. Beurrez et coupez le pain en bâtonnets. Vous pouvez aussi faire revenir les tranches de pain de mie dans une poêle avec un peu de beurre et les couper ensuite en bâtonnets. Dégustez avec l'œuf cocotte.

CONSEIL

Relevez avec 1 pincée de curry ou de paprika.

VARIANTE

Ajoutez 1 tomate ou des champignons coupés en rondelles dans le fond du ramequin.

Croques chèvre-courgette

4 croques

15 min de préparation

5 min de cuisson

Matériel : Four, plaque à pâtisserie

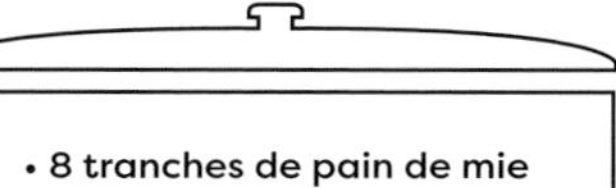

- **8 tranches de pain de mie**
- **30 g de beurre**
- **4 cuil. à soupe de moutarde**
- **1 bûche de chèvre**
- **1 courgette**

1. Préchauffez le four à 200 °C (th. 6-7) en position gril.

2. Tartinez 4 tranches de pain de beurre et les 4 autres tranches de moutarde.

3. Tranchez la courgette et la bûche de chèvres en fines rondelles. Répartissez les courgettes et le chèvre sur le pain beurré et refermez les croques.

4. Disposez sur la plaque et enfournez pour 5 min.

INFO NUTRITION

Vous pouvez aussi utiliser du « jambon végétal » (un produit à base de protéines de blé) pour obtenir une préparation qui ressemble au croque monsieur traditionnel.

Pizza express sur pain pita

 **1 personne**

 **5 min** de préparation

 **15 min** de cuisson

 **Matériel :** Four, grille-pain

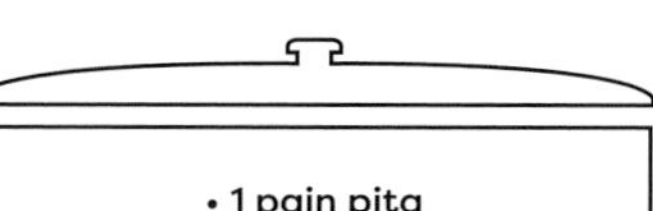

- **1 pain pita**
- **3 cuil. à soupe de coulis de tomates**
- **1 boule de mozzarella**
- **Huile d'olive**
- **Origan**

1. Préchauffez le four à 200 °C (th. 6-7).

2. Passez le pain pita 3 ou 4 min au grille-pain. Ouvrez-le en deux dans l'épaisseur. Tartinez les 2 moitiés du pain de coulis de tomates. Coupez la boule de mozzarella en tranches et déposez celles-ci sur le coulis de tomates. Ajoutez un filet d'huile d'olive et parsemez d'une pincée d'origan.

3. Faites cuire au four pendant 15 min. Dégustez.

CONSEIL

Enrichissez cette pizza express avec du jambon, des olives, des tomates séchées...

VARIANTES

Remplacez la mozzarella par du fromage de chèvre et le coulis de tomates par du pesto au basilic.

Pizza épinards-chèvre

4 personnes

10 min de préparation

10 à 15 min de cuisson

Matériel : Four, plaque à pâtisserie ou à pizza

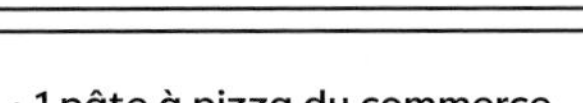

- **1 pâte à pizza du commerce**
- **1 poignée d'épinards frais**
- **½ bûche de chèvre**
- **125 g de courgette**
- **1 oignon frais**
- **75 g d'emmental râpé**
- **3 cuil. à soupe de crème liquide**

1. Préchauffez le four à 220 °C (th. 7-8). Abaissez la pâte à pizza et disposez-la sur la plaque. Badigeonnez-la de crème.

2. Lavez et égouttez les épinards. Coupez la demi-bûche de chèvre en tranches. Lavez, épluchez, puis émincez la courgette et l'oignon.

3. Répartissez les morceaux de courgette et d'oignon sur la pâte. Ajoutez les épinards. Disposez dessus le fromage et parsemez d'emmental râpé.

4. Enfournez pour 10 à 15 min de cuisson.

ASTUCE

Une pizza à servir bien chaude avec une petite salade de pousses d'épinards.

Pizza aux 4 fromages

6 personnes

15 min de préparation

10 à 15 min de cuisson

Matériel : Four, plaque à pâtisserie ou à pizza

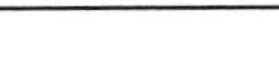

- **1 pâte à pizza**
- **1 échalote**
- **50 g de roquefort**
- **1 boule de mozzarella**
- **50 g de parmesan**
- **4 cuil. à soupe de coulis de tomates**
- **6 tranches de chèvre frais**
- **2 branches d'origan**

1. Préchauffez le four à 220 °C (th. 7-8). Étalez la pâte à pizza en rond et disposez-la sur la plaque.

2. Épluchez et ciselez l'échalote ; émiettez le roquefort, coupez en dés la mozzarella et râpez le parmesan.

3. Étalez le coulis de tomates sur la pâte, ajoutez l'échalote ainsi que les fromages et parsemez d'origan. Enfournez pour 10 à 15 min.

Pizza Margherita

 **4 personnes**

 **15 min** de préparation

 **15 min** de cuisson

 **Matériel :** Four, plaque à pâtisserie ou à pizza

- **1 pâte à pizza**
- **1 boule de mozzarella**
- **1 oignon**
- **3 feuilles de basilic**
- **5 bonnes cuil. à soupe de sauce tomate**
- **1 pincée de sucre**
- **Origan**
- **Parmesan râpé**

1. Préchauffez le four à 220 °C (th. 7-8). Détaillez la mozzarella en morceaux. Pelez et émincez l'oignon. Ciselez le basilic.

2. Étalez la pâte à pizza soit en rectangle, soit en cercle puis disposez-la sur la plaque. Étalez la sauce tomate, parsemez de basilic, de sucre et d'origan.

3. Disposez l'oignon, la mozzarella et saupoudrez de parmesan râpé. Enfournez pour 15 min.

CONSEIL

Vous pouvez ajouter quelques olives noires avant d'enfourner.

Pizza andouillette noisettes

4 personnes

15 min de préparation

10 à 15 min de cuisson

Matériel : Four, plaque à pâtisserie ou à pizza

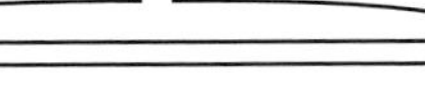

- **1 pâte à pizza**
- **3 cuil. à soupe de crème liquide**
- **1 andouillette**
- **75 g de lardons fumés**
- **20 noisettes concassées**
- **100 g d'emmental râpé**
- **1 cuil. à café de piment doux**

1. Préchauffez le four à 220 °C (th. 7-8). Abaissez votre pâte et disposez-la sur la plaque.

2. Étalez la crème sur la pâte. Enlevez la peau de l'andouillette et détaillez la chair en petits morceaux puis disposez-la sur la pâte avec les lardons et les noisettes. Parsemez d'emmental râpé et saupoudrez de piment. Enfournez pour 10 à 15 min.

Pizza océane

6 personnes

15 min de préparation

15 min de cuisson

Matériel : Four, plaque à pâtisserie ou à pizza

- 1 pâte à pizza
- 3 cuil. à soupe de crème liquide
- 1 cuil. à soupe de mascarpone
- 4 tranches de saumon fumé
- 1 cuil. à café d'aneth
- 50 g d'emmental râpé
- 1 cuil. à soupe de jus de citron

1. Préchauffez le four à 220 °C (th. 7-8). Étalez la pâte à pizza et disposez-la sur la plaque.

2. Dans un bol, mélangez la crème et le mascarpone puis étalez le mélange sur la pâte. Disposez les tranches de saumon, parsemez d'aneth et de fromage. Arrosez de jus de citron et enfournez pour 15 min de cuisson.

Pizza à la pancetta, chèvre, piquillos & piment d'Espelette

 **4 personnes**

 **10 min** de préparation

 **10 à 15 min** de cuisson

 **Matériel :** Poêle antiadhésive de 26 cm de diamètre, papier absorbant

- **80 g de piquillos**
- **50 g d'oignon (environ ½)**
- **6 tranches de pancetta**
- **3 brins de romarin frais**
- **1 pâte à pizza**
- **200 g de chèvre frais (type Petit Billy®)**
- **20 g d'olives noires**
- **1 filet d'huile d'olive**
- **1 poignée de roquette**
- **1 pincée de piment d'Espelette**
- **Poivre**

1. Taillez les piquillos en fines lanières et émincez l'oignon. Dans la poêle, faites revenir la pancetta sans matière grasse, jusqu'à ce qu'elle soit croustillante. Réservez-la sur du papier absorbant puis lavez la poêle. Au couteau, hachez l'équivalent de 1 cuil. à soupe de feuilles de romarin.

2. Étalez la pâte dans la poêle et faites cuire pendant 5 min (puissance 5). Retournez-la. Tartinez-la de chèvre, poivrez et parsemez de romarin. Répartissez les oignons, les piquillos, la pancetta et les olives. Versez l'huile autour de la pizza. Couvrez et laissez cuire pendant 4 à 6 min (puissance 4), selon l'épaisseur de la pâte.

3. Garnissez la pizza de roquette et parsemez de piment d'Espelette.

VARIANTE

Vous pouvez remplacer les piquillos par des lamelles de poivrons rouges crus ou préalablement poêlés.

Œufs cocotte au lard et aux champignons

 **4 personnes**

 **10 min** de préparation

 **13 min** de cuisson

 **Matériel :** 4 ramequins allant au four

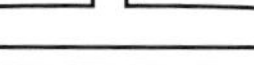

- 1 noisette de beurre
- 4 tranches de lard fumé et découenné
- 4 petits champignons de Paris
- 4 cuil. à café d'échalote émincée
- 4 cuil. à soupe de crème fleurette
- 4 œufs
- Sel, poivre

1. Préchauffez le four à 180 °C (th. 6). Beurrez les ramequins. Coupez les tranches de lard en lanières et émincez les champignons en fines lamelles.

2. Dans chaque ramequin, déposez un peu de lard et quelques lamelles de champignons avec 1 cuil. à café d'échalote émincée et 1 cuil. à soupe de crème fleurette.

3. Cassez un œuf dans chaque ramequin et recouvrez du restant de lamelles de champignon.

4. Placez les ramequins dans un grand plat allant au four. Versez de l'eau bouillante dans un grand plat jusqu'aux trois quarts de la hauteur des ramequins. Salez et poivrez légèrement.

5. Enfournez pour 13 min en surveillant.

ASTUCE

Si les œufs ne sont pas tout à fait cuits au bout de ce temps, poursuivez la cuisson par tranches de 1 minute. Le jaune doit rester liquide et le blanc doit être cuit.

INFO NUTRITION

Le lard, comme toutes les charcuteries et les viandes, a un IG nul car sa teneur en glucides est proche de zéro. Riche en graisses animales, il doit cependant être consommé avec modération pour ne pas déséquilibrer l'alimentation.

Soupe miso et petits légumes

2 personnes

10 min de préparation

5 min de cuisson

Matériel : Râpe, bouilloire, 2 bols

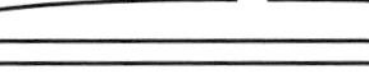

- **2 poignées de vermicelles de riz**
- **1 carotte**
- **1 morceau de céleri**
- **2 champignons de Paris**
- **2 ciboules**
- **2 cuil. à soupe de persil**
- **2 cuil. à soupe de pâte de miso**
- **1 cuil. à soupe de gingembre frais râpé**
- **1 cuil. à café de graines de sésame**

1. Faites cuire les vermicelles de riz dans de l'eau bouillante selon les indications du paquet. Réservez.

2. Épluchez la carotte et le céleri et râpez-les finement.

3. Épluchez les champignons et coupez-les en tranches fines.

4. Ciselez les ciboules et le persil. Déposez 1 cuil. à soupe de miso dans chaque bol, ajoutez les fils de légumes, les vermicelles de riz, les ciboules, le persil et le gingembre râpé.

5. Faites bouillir de l'eau dans une bouilloire et versez-la sur la préparation. Laissez reposer 2 min, mélangez puis parsemez de graines de sésame et dégustez.

VARIANTE

Ajoutez de la sauce soja, des cubes de tofu et des paillettes d'algues.

INFO NUTRITION

Le miso est un produit obtenu à partir de soja fermenté. Il se présente généralement sous forme d'une pâte de couleur claire ou brune et permet d'aromatiser les bouillons tout en apportant des probiotiques qui aident la flore intestinale à se régénérer.

Soupe ramen

 **2 personnes**

 **10 min** de préparation

 **2 à 3 min** de cuisson

Matériel : Bouilloire, mandoline

- 1 carotte
- 1 navet
- 2 cuil. à café de pâte de miso
- 1 branche de céleri
- 2 filets de poisson blanc (cabillaud, colin ou merlu)
- 2 cuil. à soupe de coriandre fraîche ciselée
- 2 cuil. à soupe de ciboulette ciselée
- 2 cuil. à soupe de persil
- 2 cuil. à soupe de gingembre râpé
- 1 paquet de nouilles de riz fraîches (180 g)
- 2 cuil. à soupe de graines de sésame
- 2 pincées de shichimi (poivre japonais)
- Sauce soja

1. Faites chauffer de l'eau dans une bouilloire.

2. Épluchez la carotte et coupez-la en rondelles fines à la mandoline. Faites de même pour le navet. Ciselez la branche de céleri. Détaillez le poisson en tranches fines.

3. Répartissez dans deux bols le miso, la coriandre, la ciboulette, le persil et le gingembre. Ajoutez les légumes, le poisson et les nouilles.

4. Versez l'eau bouillante puis couvrez la préparation en plaçant une assiette sur les bols et laissez infuser 2/3 min.

5. Ajoutez les graines de sésame, le shichimi et de la sauce soja. Mélangez et dégustez immédiatement.

VARIANTE

Ajoutez 1 filet d'huile de sésame et des cacahuètes non salées.

Avocats farcis à l'œuf, ciboulette et œufs de saumon

 **6 personnes**

 **10 min** de préparation

 **15 min** de cuisson

Matériel : Four, plaque de four

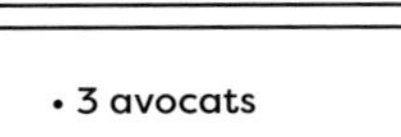

- 3 avocats
- 6 œufs de caille
- 15 g de beurre
- 6 tranches de pain de campagne
- 1 petit pot d'œufs de saumon
- 12,5 cl de crème fraîche épaisse
- Le jus de 1 citron
- 6 cuil. à soupe de ciboulette fraîche ciselée
- Fleur de sel
- Sel, poivre

1. Préchauffez le four à 180 °C (th. 6). Coupez les avocats en deux et déposez-les sur une plaque de four. Cassez un œuf de caille dans chaque moitié d'avocat. Salez et poivrez.

2. Beurrez les tranches de pain de campagne, ajoutez un peu de fleur de sel et tranchez-les pour faire des mouillettes. Déposez-les sur la plaque. Enfournez pour 15 min.

3. Ajoutez 1 cuil. à café d'œufs de saumon, 1 cuil. à café de crème fraîche épaisse, 1 filet de jus de citron sur les avocats, et parsemez-les de ciboulette. Dégustez avec les mouillettes de pain.

VARIANTE

Déposez 1 fine tranche de saumon fumé dans le fond de l'avocat avant de casser l'œuf.

Socca, chiffonade de saucisson au poivre

6 personnes

10 min de préparation

8 à 10 min de cuisson

Matériel : Four, fouet, plaque de four, pinceau de cuisine

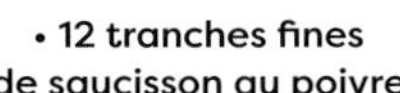

- **12 tranches fines de saucisson au poivre**
- **1 barquette de tomates cerise**
- **1 sachet de pousses de salade**
- **3 cuil. à soupe de ciboulette fraîche ciselée**
- **1 filet de vinaigre balsamique**
- **1 filet d'huile d'olive**

POUR LA SOCCA

- **230 g de farine de pois chiches**
- **50 cl d'eau**
- **6 cuil. à soupe d'huile d'olive fruitée**
- **1 cuil. à café de thym séché**
- **1 cuil. à café de sel fin**
- **½ cuil. à café de poivre noir**

1. Préchauffez le four à 220 °C (th. 7-8). Préparez la socca. Versez la farine de pois chiches dans un saladier. Ajoutez l'eau froide en fouettant puis 2 cuil. à soupe d'huile d'olive, le sel fin, le poivre noir et le thym. Fouettez à nouveau. La pâte doit avoir une consistance assez liquide, comme une pâte à crêpe. Ajoutez un peu d'eau si elle est trop compacte car la texture peut varier en fonction de la farine de pois chiches.

2. Badigeonnez une plaque de four du reste d'huile à l'aide d'un pinceau de cuisine et enfournez la plaque pendant 3 à 4 min : elle doit être chaude pour que la socca prenne bien. Sortez la plaque du four et versez-y la pâte, en l'étalant sur toute la surface.

3. Enfournez dans la partie haute du four et mettez-le en position gril. Laissez cuire pendant 5 à 6 min ; ou bien maintenez le four à 220 °C (th. 7-8) et laissez cuire un peu plus longtemps. Si une bulle apparaît, percez-la à l'aide d'une fourchette. Les bords sont souvent un peu plus cuits et plus croustillants.

4. Après la cuisson, parsemez la socca de saucisson au poivre, et répartissez-y les tomates cerise éventuellement coupées en deux, les pousses de salade et la ciboulette. Ajoutez 1 filet d'huile d'olive et 1 filet de vinaigre balsamique. Coupez la socca en parts et dégustez.

Tarte fine à la crème fraîche et oignons rouges

 **6 personnes**

 **20 min** de préparation

 **10 min** de cuisson

 **Matériel :** Rouleau à pâtisserie, plaque de four, papier sulfurisé, four

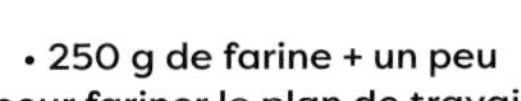

- **250 g de farine + un peu pour fariner le plan de travail**
- **3 cuil. à soupe d'huile neutre (colza, tournesol)**
- **12 cl d'eau**
- **½ cuil. à café de sel fin**

POUR LE FOND DE TARTE

- **3 cuil. à soupe de fromage blanc épais**
- **2 cuil. à soupe de crème fraîche épaisse**
- **1 pincée de noix muscade moulue**
- **4 oignons rouges**
- **3 cuil. à soupe de persil plat frais haché**
- **1 pincée de sel et 1 pincée de poivre**

1. Préparez le fond de tarte. Versez la farine dans un saladier, ajoutez le sel, l'huile et l'eau petit à petit.

2. Mélangez à l'aide d'une fourchette. Ajoutez un peu d'eau si nécessaire. Déposez la préparation sur un plan de travail légèrement fariné et travaillez la pâte afin de former une boule lisse et homogène.

3. Étalez la pâte finement à l'aide d'un rouleau à pâtisserie en formant un rectangle. Chemisez une plaque de four de papier sulfurisé et déposez-y la pâte. Préchauffez le four à 250 °C (th. 8-9).

4. Dans un bol, mélangez le fromage blanc épais, la crème fraîche épaisse, la noix muscade, le sel et le poivre. Étalez cette préparation sur la pâte. Épluchez les oignons rouges et émincez-les finement. Répandez-les sur le fromage blanc et la crème. Enfournez pour environ 10 min. Parsemez de persil plat au moment de servir.

VARIANTE

Faites caraméliser les oignons en ajoutant 1 filet de vinaigre balsamique sur la tarte avant d'enfourner la plaque.

Croques campagnards
roquefort, magret, endives

 **6 personnes**

 **15 min** de préparation

 **8 à 10 min** de cuisson

 **Matériel :** Grille-pain, plaque de four, four

- **6 tranches de pain de campagne**
- **6 portions de Société Crème®**
- **6 figues**
- **18 tranches fines de magret de canard fumé**
- **1 morceau de roquefort**
- **3 cuil. à soupe de noix concassées**
- **2 endives**
- **1 filet d'huile d'olive**
- **1 filet d'huile de noix**
- **Sel, poivre**

1. Faites légèrement griller les tranches de pain de campagne dans le grille-pain. Tartinez chaque tranche de 1 portion de Société Crème® et disposez-les sur une plaque de four. Lavez les figues et coupez-les en fines rondelles. Déposez-les sur les tranches de pain de campagne. Préchauffez le four à 200 °C (th. 6-7).

2. Sur chaque tartine, intercalez 3 tranches de magret de canard fumé entre les rondelles de figues. Coupez le roquefort en petits morceaux et répartissez-les sur les tranches de pain. Parsemez-les de noix concassées et versez 1 filet d'huile d'olive, salez et poivrez. Enfournez pour 8 à 10 min.

3. Lavez les feuilles des endives et détaillez-les en petits morceaux. Au moment de servir, couvrez les tartines d'endive, parfumez avec 1 filet d'huile de noix et dégustez chaud.

VARIANTES

Réalisez le Société Crème® vous-même en mélangeant une tranche de roquefort avec de la crème fraîche.
Remplacez le roquefort par du bleu d'Auvergne.

PLATS COMPLETS EXPRESS

Galette au saumon fumé et sa crème au concombre à la menthe

1 personne

 **10 min** de préparation

 **5 min** de cuisson

 **Matériel :** Mixeur

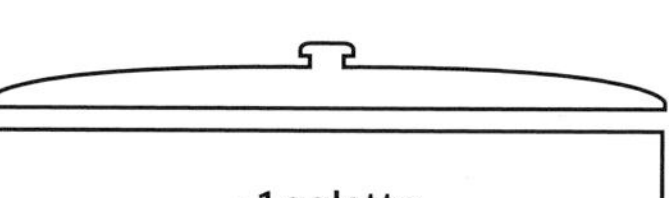

- **1 galette**
- **50 g de saumon fumé coupé en fines tranches**
- **50 g de concombre**
- **2 feuilles de menthe ciselées**
- **1 trait de jus de citron**
- **7 cl de crème fraîche**
- **30 g de beurre**
- **Sel, poivre**

1. Préparez la crème de concombre : épluchez une fois sur deux le concombre, lavez-le, coupez-le en deux dans la longueur, épépinez-le et émincez-le en lamelles. Salez les lamelles et laissez-les dégorger au frais pendant 30 min.

2. Égouttez ensuite le concombre, versez-le dans un bol d'un mixeur, poivrez légèrement, ajoutez la menthe, le jus de citron et la crème fraîche bien froide. Mixez le tout jusqu'à la formation d'une crème onctueuse. Réservez au frais.

3. Confectionnez la galette au saumon fumé : glissez le saumon fumé dans la galette et réchauffez-la dans une poêle avec un peu de beurre. Dressez la galette dans une assiette et accompagnez-la de la crème au concombre et la menthe.

Spaghettis à la carbonara sans crème

1 personne

15 min de préparation

15 min de cuisson

Matériel : Casserole, poêle, bol, louche, passoire

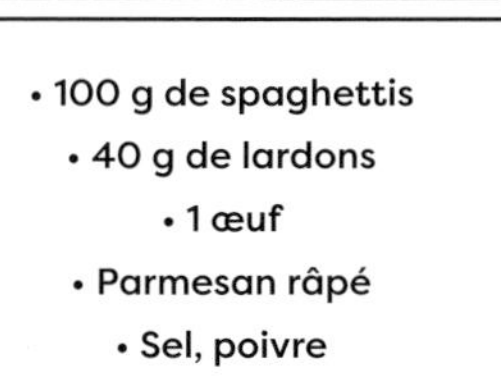

- **100 g de spaghettis**
- **40 g de lardons**
- **1 œuf**
- **Parmesan râpé**
- **Sel, poivre**

1. Portez de l'eau à ébullition dans la casserole, ajoutez-y 1 pincée de sel. Plongez-y les spaghettis et faites-les cuire selon les indications portées sur le paquet.

2. Faites suer les lardons à la poêle, sans matière grasse. Cassez l'œuf dans le bol, ajoutez un peu de parmesan et battez en omelette. Salez et poivrez.

3. Prélevez un peu de l'eau de cuisson des pâtes à l'aide d'une louche et réservez-la dans un verre. Égouttez les pâtes, puis remettez-les à cuire dans la poêle avec les lardons en ajoutant un peu de l'eau de cuisson réservée. Versez l'œuf battu avec le parmesan. Mélangez la préparation pendant quelques minutes.

4. Servez les spaghettis avec du parmesan râpé.

CONSEIL

Ajoutez de la crème fraîche.

VARIANTE

Remplacez les lardons par du bacon ou du jambon.

Orechiettes au pesto rouge

4 personnes

 **10 min** de préparation

 **2 min** de cuisson

 **Matériel :** Mixeur

- **400 g d'orechiettes**

POUR LE PESTO

- **100 g de parmesan**
- **½ botte de basilic**
- **2 gousses d'ail**
- **280 g de tomates séchées à l'huile**
- **100 g de pignons de pin**
- **15 cl d'huile d'olive**
- **Sel, poivre**

1. Préparez les pâtes en suivant le temps de cuisson indiqué sur le paquet.

2. Préparez le pesto. Râpez le parmesan, effeuillez le basilic. Pelez et ôtez les germes des gousses d'ail. Égouttez les tomates séchées.

3. Mixez le parmesan, le basilic, l'ail, les tomates et les pignons avec l'huile d'olive. Salez et poivrez. Placez au frais.

4. Plongez les orechiettes dans une casserole d'eau bouillante salée. Quand les orechiettes sont cuits al dente, égouttez-les. Mélangez-les avec suffisamment de pesto rouge pour bien les enrober et servez.

Farfalles à la roquette et aux tomates cerise

4 personnes

10 min de préparation

15 min de cuisson

- **400 g de farfalles**
- **250 g de tomates cerise**
- **150 g de roquette**
- **100 g de parmesan**
- **3 cuil. à soupe d'huile d'olive**
- **Sel, poivre**

1. Préparez les farfalles en suivant le temps de cuisson indiqué sur le paquet.

2. Préparez la garniture. Lavez les tomates cerise. Dans une large poêle, faites chauffer 3 cuil. à soupe d'huile d'olive. Ajoutez les tomates cerise et faites-les revenir à feu doux pendant environ 10 min.

3. Ajoutez ensuite la roquette et mélangez le tout pendant 1 min. Salez et poivrez.

4. Quand les farfalles sont cuites al dente, égouttez-les et mélangez-les avec les tomates et la roquette. Servez avec le parmesan râpé.

Hachis parmentier express

 **4 personnes**

 **10 min** de préparation

 **20 min** de cuisson

 **Matériel :** Four, poêle, casserole, plat à gratin

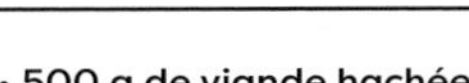

- **500 g de viande hachée**
- **2 oignons**
- **2 gousses d'ail**
- **1 pot de sauce tomate nature ou au basilic**
- **2 sachets de purée mousseline au lait**
- **120 g de gruyère râpé**
- **1 filet d'huile d'olive**
- **Sel, poivre**

1. Préchauffez le four à 180 °C (th. 6). Épluchez, puis hachez les oignons et l'ail.

2. Versez le filet d'huile d'olive dans la poêle et faites-y revenir les oignons et l'ail. Ajoutez la viande hachée, salez et poivrez. Laissez cuire pendant quelques minutes, jusqu'à ce que la viande soit brune. Ajoutez alors la sauce tomate et mélangez bien, laissez mijoter la préparation pendant 5 min.

3. Préparez la purée mousseline selon les indications portées sur l'emballage. Versez la viande dans le plat à gratin et étalez-la. Ajoutez la purée et parsemez de gruyère râpé. Glissez le plat dans le four et faites cuire pendant environ 15 min.

CONSEIL

Ajoutez 1 cuil. à soupe de crème fraîche dans la purée.

VARIANTE

Faites une vraie purée de pommes de terre.

Tortilla con patatas

 **6 personnes**

 **10 min** de préparation

 **10 min** de cuisson

Matériel : Poêle

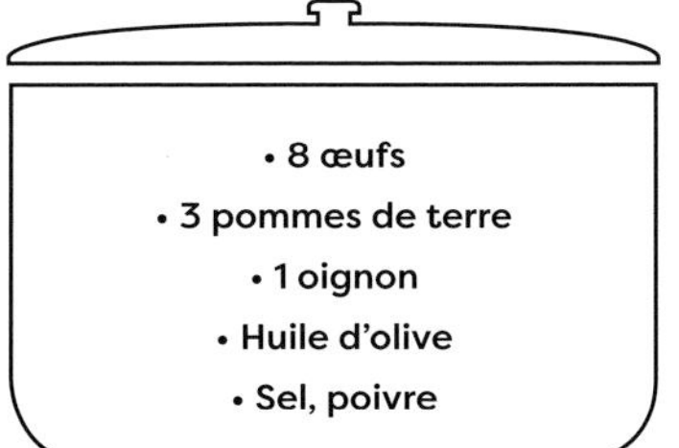

- **8 œufs**
- **3 pommes de terre**
- **1 oignon**
- **Huile d'olive**
- **Sel, poivre**

1. Épluchez, puis lavez les pommes de terre ; découpez-les en tranches fines. Épluchez et coupez l'oignon en rondelles. Faites revenir pommes de terre et oignons dans la poêle légèrement huilée.
Dès qu'ils sont cuits, retirez du feu.

2. Dans un saladier, fouettez vivement les œufs à la fourchette jusqu'à l'obtention d'une légère mousse. Ajoutez les pommes de terre et oignons égouttés. Salez, poivrez. Versez le tout dans la poêle bien chaude et légèrement huilée, et laissez cuire 5 min à feu doux.

3. Lorsque la tortilla est dorée dessous, retournez-la d'un mouvement rapide sur une assiette, puis faites glisser la tortilla dans la poêle pour faire dorer l'autre côté en 5 min. Dégustez aussitôt.

VARIANTE

Enrichissez la tortilla avec du chorizo, des courgettes ou d'autres légumes.

Wok de nouilles chinoises, légumes et poulet

 **4 personnes**

 **30 min** de préparation

 **30 min** de cuisson

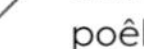 **Matériel :** Wok ou grande poêle

- 3 blancs de poulet
- 1 paquet de nouilles chinoises aux œufs (env. 500 g)
- 4 choux chinois
- 1 oignon
- 1 gousse d'ail
- 1 poivron rouge
- 1 carotte
- 1 pouce de racine de gingembre
- 4 ciboules
- 4 cuil. à soupe de sauce soja
- Huile

1. Coupez les blancs de poulet en petits morceaux. Épluchez et hachez l'ail et l'oignon. Lavez les choux chinois et coupez-les en morceaux. Lavez le poivron rouge, ouvrez-le, retirez-en les graines et les fibres blanches et détaillez la chair en lanières. Épluchez la carotte et coupez-la en rondelles fines. Épluchez le gingembre et râpez-le. Réservez le tout sur une grande assiette.

2. Faites cuire les nouilles chinoises à l'eau bouillante selon les indications portées sur l'emballage. Égouttez-les.

3. Versez un filet d'huile dans un wok ou dans une grande poêle. Faites-y revenir l'oignon, l'ail et le gingembre. Ajoutez les morceaux de poulet et faites-les dorer de tous côtés. Ajoutez tous les légumes et faites-les revenir pendant quelques minutes. Le chou va diminuer de volume. Ajoutez la sauce soja puis les nouilles. Ciselez les ciboules et ajoutez-les en fin de cuisson. Mélangez bien tous les ingrédients et servez.

CONSEIL

Ajoutez des pousses de soja à la dernière minute pour qu'elles soient bien croquantes.

VARIANTE

Remplacez le poulet par des crevettes ou faites un plat végétarien et ajoutez d'autres légumes, pousses de soja, courgette, champignons.

Nouilles sautées à la thaïlandaise

 **4 personnes**

 **20 min** de préparation

 **10 min** de cuisson

Matériel : Râpe à légumes, presse-agrumes, wok

- 250 g de nouilles ou de vermicelles de riz
- 4 oignons nouveaux
- 2 gousses d'ail
- 2 cm de gingembre frais
- 1 petit poivron rouge
- 2 œufs
- 50 g de cacahuètes grillées
- 2 cuil. à soupe d'huile d'arachide ou de tournesol
- ½ cuil. à café de curry
- 100 g de pousses de soja
- 250 g de mini-épis de maïs
- 10 brins de coriandre
- Sel, poivre

POUR LA SAUCE

- 1 citron vert
- 4 cuil. à soupe de sauce nuoc-mâm
- 6 cuil. à soupe de sauce soja
- 1 ½ cuil. à soupe de cassonade

1. Réhydratez ou faites cuire les nouilles de riz selon les indications du paquet.

2. Épluchez et émincez finement les oignons nouveaux. Pelez et hachez les gousses d'ail, après avoir enlevé le germe. Épluchez et râpez le gingembre. Lavez le poivron, videz-le et coupez-le en fines lanières. Battez les œufs en omelette dans un bol, salez et poivrez. Hachez grossièrement les cacahuètes.

3. Préparez la sauce : pressez le citron vert et versez le jus dans un bol. Ajoutez la sauce nuoc-mâm, la sauce soja et la cassonade, puis mélangez.

4. Faites chauffer 2 cuil. à soupe d'huile d'arachide dans le wok avec les oignons nouveaux, l'ail et le gingembre. Saupoudrez de curry et faites revenir pendant 1 min à feu vif, sans cesser de remuer. Ajoutez les lanières de poivron, les pousses de soja et les mini-épis de maïs. Faites sauter le tout pendant 5 min.

5. Ajoutez la sauce, les nouilles égouttées et les œufs. Baissez le feu et mélangez délicatement. Prolongez la cuisson de 3 min. Rectifiez l'assaisonnement et parsemez de cacahuètes hachées et de feuilles de coriandre ciselées avant de servir.

Pad thaï aux crevettes

4 personnes

20 min de préparation

10 min de cuisson

10 min de repos

Matériel : Poêle, wok

- 400 g de nouilles de riz
- 200 g de pousses de soja
- 2 citrons verts
- 2 gousses d'ail
- 2 échalotes
- 1 botte de pousses d'ail
- 4 œufs extra-frais
- 3 cuil. à soupe de chou mariné en conserve
- 40 g de crevettes séchées
- 250 g de tofu ferme
- 400 g de crevettes entières décortiquées
- Huile de friture

POUR LA SAUCE

- 125 g de sucre de palme
- 50 g de cassonade
- 50 g de purée de tamarin
- 10 g de sel
- 12,5 cl d'eau minérale

1. Faites cuire ou réhydrater les nouilles de riz selon les indications du paquet. Préparez la sauce : rassemblez le sucre de palme, la cassonade, la purée de tamarin, le sel et l'eau minérale dans une casserole, portez à ébullition et laissez cuire 10 min à petits bouillons. Réservez.

2. Rincez les pousses de soja. Coupez les citrons en deux. Épluchez et hachez l'ail et les échalotes.

3. Rincez et coupez les pousses d'ail en petits tronçons de 4 à 5 cm. Battez les œufs en omelette.

4. Faites chauffer un fond d'huile dans le wok et faites-y frire l'ail, les échalotes, le chou, les crevettes séchées et le tofu. Lorsque les échalotes sont translucides et le tofu bien doré, ajoutez les crevettes fraîches et faites-les dorer. Ajoutez ensuite les nouilles, la sauce et mélangez. Ajoutez les œufs et continuez de mélanger afin de bien les repartir dans le plat, tout en les cuisant. Ajoutez les pousses de soja et les herbes.

5. Mélangez encore une fois, coupez le feu et servez aussitôt, accompagné de demi-citrons verts.

CONSEIL

Vous pouvez ajouter selon votre goût : du piment (choisissez des flocons secs à saupoudrer) et des cacahuètes concassées que vous pouvez saupoudrer avant de servir.

Couscous aux brochettes marinées

6 personnes

 **30 min** de préparation

 **4 h** de marinade

 **25 min** de cuisson

 **Matériel :** Film alimentaire, 6 piques à brochettes, four, plat allant au four, micro-ondes

- **500 g de blancs de poulet**
- **500 g d'épaule d'agneau**
- **10 cl d'huile d'olive**
- **Le jus de 3 citrons**
- **2 cuil. à café de cumin en poudre**
- **2 cuil. à café de paprika**
- **½ cuil. à café de cannelle en poudre**
- **½ cuil. à café de sel fin**
- **500 g de semoule de couscous moyenne**
- **2 oignons**
- **2 poivrons rouges**
- **100 g de beurre demi-sel**
- **Harissa**

1. Coupez les viandes en morceaux de 3 cm de côté. Assemblez-les dans un saladier avec l'huile d'olive, le jus des citrons, les épices et le sel fin. Mélangez bien, couvrez de film alimentaire et laissez mariner au moins 4 h au réfrigérateur.

2. Faites cuire la semoule de couscous et réservez-la. Épluchez les oignons et coupez-les en quatre. Ôtez le pédoncule, les graines et les parties blanches des poivrons. Taillez la chair en morceaux de 3 cm de côté.

3. Réalisez les brochettes en alternant les deux viandes et, entre chaque morceau, le poivron et l'oignon. Préchauffez le four à 180 °C (th. 6). Faites chauffer une poêle antiadhésive à feu vif. Faites-y revenir les brochettes pendant 5 min. Disposez les brochettes sur un plat allant au four et enfournez-les pour 15 min de cuisson supplémentaires.

4. Pendant ce temps, faites fondre le beurre et incorporez-le à la semoule. Égrainez la semoule à la fourchette et faites-la réchauffer au four à micro-ondes. Versez la semoule dans les assiettes et déposez 1 brochette par convive. Servez sans attendre accompagné d'un peu d'harissa.

Orechiettes aux noix et gorgonzola

 **4 personnes**

 **10 min** de préparation

5 min de cuisson

- **400 g d'orechiettes**

POUR LA SAUCE

- **70 g de noix**
- **20 cl de crème fraîche**
- **100 g de gorgonzola**
- **Sel, poivre**

1. Préparez la sauce. Concassez les noix avec le plat d'un couteau. Faites chauffer la crème et le gorgonzola à feu doux. Ajoutez les noix dans le fromage fondu, poivrez et, si nécessaire, salez.

2. Plongez les orechiettes dans une casserole d'eau bouillante salée et faites les cuire le temps indiqué sur le paquet. Quand ils sont cuits al dente, égouttez-les et remettez-les dans la casserole.

3. Versez dessus la sauce, mélangez pendant 1 à 2 min à feu doux. Servez.

Tagliolinis aux 3 fromages

4 personnes

10 min de préparation

3 min de cuisson

Matériel : Râpe

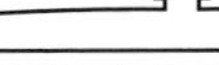

- **400 g de tagliolinis**

POUR LA SAUCE

- **100 g de gorgonzola**
- **100 g de gruyère**
- **100 g de parmesan**
- **Sel, poivre**

1. Préparez la sauce. Découpez en tout petits cubes le gorgonzola, râpez le gruyère et le parmesan.

2. Plongez les tagliolinis dans une casserole d'eau bouillante salée et faites les cuire le temps indiqué sur le paquet. Dès que les pâtes sont cuites al dente, prélevez un peu d'eau de cuisson. Égouttez les tagliolinis et mélangez-les avec tous les fromages et un peu d'eau de cuisson pour lier le tout. Salez et poivrez. Servez immédiatement.

Papillote de bar aux légumes

6 personnes

15 min de préparation

15 min de cuisson

Matériel : Four, 6 carrés de papier sulfurisé

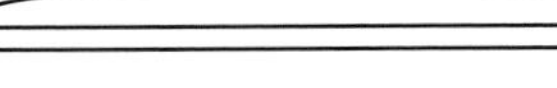

- 6 filets de bar (d'environ 180 g)
- 2 carottes
- 1 courgette
- 2 tomates
- 1 branche de céleri
- 1 blanc de poireau
- 6 oignons nouveaux
- 1 cuil. à café de graines d'anis
- 2 citrons
- 6 cl d'huile d'olive
- Sel

1. Préchauffez le four à 200 °C (th. 6-7).

2. Épluchez les carottes. Taillez tous les légumes en fins bâtonnets et émincez les oignons. Coupez les citrons en fines rondelles. Mélangez tous les légumes et ajoutez-y les graines d'anis. Salez.

3. Disposez 3 tranches de citron au centre de chaque carré de papier sulfurisé. Déposez dessus un filet de bar, côté peau vers le bas, puis répartissez équitablement les légumes par-dessus. Arrosez d'un filet d'huile d'olive.

4. Fermez hermétiquement les papillotes et enfournez-les pour 15 min. Dégustez au sortir du four.

Dos de cabillaud, julienne de légumes et grains de kasha

2 personnes

10 min de préparation

10 min de cuisson

- 2 carottes
- 1 courgette
- 1 céleri
- 75 cl d'eau
- 1 bouquet garni
- 1 petite gousse d'ail
- 1 pincée de gros sel
- 2 cuil. à soupe de kasha cuit
- 2 dos de cabillaud
- 2 gouttes de Maggi®
- 2 cuil. à soupe de jus de citron
- Sel, poivre

1. Épluchez les carottes, la courgette et le céleri et détaillez-les en julienne. Hachez le persil finement. Faites bouillir 75 cl d'eau avec le bouquet garni, l'ail et le gros sel. Ajoutez les légumes et laissez cuire 5/6 min.

2. Ajoutez le kasha, les dos de cabillaud et laissez cuire 5 min. Ils doivent être rosés à l'intérieur ou plus cuits selon les goûts. Enlevez l'ail et le bouquet garni.

3. Déposez une quantité égale de préparation dans deux grands bols. Ajoutez le persil et laissez infuser à couvert 3/4 min.

4. Versez les gouttes de Maggi® et le jus de citron. Salez et poivrez si nécessaire. Dégustez immédiatement.

VARIANTE

Remplacez le persil par de la coriandre et le cabillaud par un autre poisson blanc.

INFO NUTRITION

Le poisson blanc est très pauvre en matières grasses (1 % pour le cabillaud) et bien plus facile à digérer que la viande : le temps de digestion du poisson est plus court que celui des viandes.

Le kasha est du sarrasin grillé. Naturellement sans gluten, son temps de cuisson est très court et il est facile à digérer.

Nouilles soba aux crevettes et citronnelle

 **4 personnes**

 **10 min** de préparation

 **15 min** de cuisson

 **Matériel :** Panier vapeur et casserole adaptée, presse-ail (facultatif)

- **400 g de nouilles soba**
- **550 g de crevettes, déjà cuites et décortiquées**
- **1 gros brocoli (ou 2 petits)**
- **3 échalotes**
- **1 morceau de gingembre d'environ 5 cm**
- **3 gousses d'ail**
- **3 bâtons de citronnelle**
- **3 citrons verts**
- **3 cl d'huile de sésame**
- **6 cl de sauce tamari**
- **80 g de cacahuètes**
- **1 pincée de sel**

POUR LA VINAIGRETTE

- **18 cl de vinaigre de riz**
- **3 cl de sirop d'agave**
- **5 cl d'huile de sésame**
- **3 cl d'huile de noix**
- **1 gousse d'ail**
- **5 cl de sauce tamari**
- **3 cl de jus de citron vert**
- **1 cuil. à soupe de gingembre frais râpé**

1. Lavez et coupez les fleurettes de brocoli avec leur tige, coupez chacune dans la longueur. Pelez et émincez les échalotes et coupez finement le gingembre. Pelez l'ail (3 gousses pour la recette et 1 pour la vinaigrette), enlevez le germe. Pelez les premières feuilles extérieures des branches de citronnelle pour arriver aux feuilles fraîches et coupez-les en rondelles. Pressez 2 citrons verts.

2. Préparez la vinaigrette : mélangez tous les ingrédients avec 1 gousse d'ail pressée. Gardez de côté.

3. Dans une casserole, faites bouillir de l'eau pour cuire les nouilles. Pendant que l'eau chauffe, déposez les brocolis dans le panier vapeur au-dessus de la casserole pour commencer à les précuire (les brocolis doivent précuire environ 5 min). Lorsque l'eau bout, ajoutez la pincée de sel et faites cuire les nouilles selon le temps indiqué sur le paquet (environ 8 à 9 min).

4. Pendant ce temps, faites chauffer la poêle, versez 2 cuil. à soupe d'huile de sésame, ajoutez la citronnelle, les échalotes, le gingembre et l'ail pressé, laissez cuire environ 2 min en remuant sans cesse. Enlevez les brocolis du panier vapeur et mettez-les dans la poêle 2 à 3 min. Retirez du feu.

5. Égouttez les nouilles, versez-les délicatement dans la poêle. Ajoutez les crevettes, versez dessus l'huile de sésame, la sauce tamari, le jus de citron vert, et faites chauffer 3 min avant de saupoudrer de cacahuètes.

6. Servez à l'assiette. Attention, les nouilles soba se cassent facilement, il faut être très délicat pour que cela reste joli. Servez avec la vinaigrette et mettez un quartier de citron vert dans chaque assiette.

Saucisses de volaille et carottes fondantes à l'huile d'olive

 **6 personnes**

 **10 min** de préparation

 **20 min** de cuisson

 **Matériel :** Four, plaque de four, mandoline, mixeur

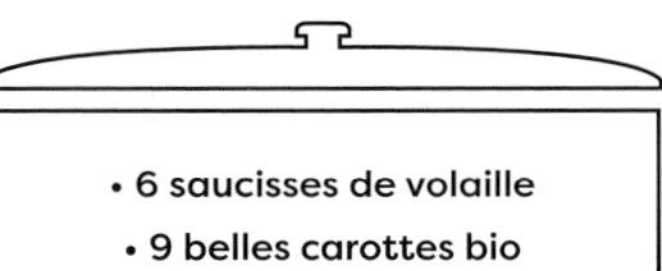

- **6 saucisses de volaille**
- **9 belles carottes bio**
- **1 bouquet de persil**
- **Huile d'olive**
- **Sel, poivre**

1. Préchauffez le four à 180 °C (th. 6). Déposez les saucisses de volaille sur une plaque de four. Piquez-les à l'aide d'une fourchette.

2. Lavez les carottes et coupez-les en tranches fines à l'aide d'une mandoline. Ajoutez-les sur la plaque de four. Versez 1 filet d'huile d'olive, mélangez, salez, poivrez et versez ½ verre d'eau pour bien humidifier les carottes.

3. Enfournez pour 20 min en retournant les saucisses et en mélangeant les carottes à mi-cuisson. Effeuillez le bouquet de persil et mettez les feuilles dans la cuve du mixeur. Mixez et ajoutez de l'huile d'olive peu à peu, jusqu'à obtenir une consistance de coulis.

4. Arrosez les carottes de coulis de persil, rectifiez l'assaisonnement si nécessaire et dégustez bien chaud.

VARIANTE

Remplacez la moitié des carottes par de la patate douce.

Côtelettes d'agneau, haricots blancs et cœurs de sucrine

4 personnes

7 min de préparation

15 à 18 min de cuisson

Matériel : Four, mandoline

- **12 côtelettes d'agneau**
- **2 cuil. à soupe d'ail haché**
- **1 cuil. à soupe de thym frais haché**
- **6 coeurs de sucrine**
- **1 grosse boîte de haricots blancs**
- **2 carottes**
- **2 cuil. à soupe de persil plat frais ciselé**
- **1 cuil. à soupe de ciboulette fraîche ciselée**
- **Huile d'olive**
- **Sel, poivre**

1. Préchauffez le four à 180 °C (th. 6). Déposez les côtelettes d'agneau les unes à côté des autres sur une plaque de four. Parsemez d'ail haché et de thym et ajoutez 1 filet d'huile d'olive.

2. Disposez les cœurs de sucrine en une rangée, puis ajoutez les haricots blancs en versant un peu de jus de la boîte.

3. Lavez les carottes et râpez-les finement à l'aide d'une mandoline. Déposez les chips de carotte sur les légumes. Ajoutez 1 filet d'huile d'olive.

4. Enfournez pour 15 à 18 min selon l'épaisseur des côtelettes et selon votre goût. Au moment de servir, salez, poivrez et parsemez de persil et de ciboulette. Dégustez bien chaud.

VARIANTE

Remplacez le thym par du romarin et les haricots blancs par des flageolets.

Filets de saumon sauce teriyaki aux courgettes

 **6 personnes**

 **10 min** de préparation

 **15 à 18 min** de cuisson

 **Matériel :** Four, plaque à four, mandoline

- 6 filets de saumon
- 4 cuil. à soupe de sauce soja salée
- 2 cuil. à soupe de mirin
- 1 cuil. à soupe de miel liquide
- 1 cuil. à soupe de graines de sésame
- 3 courgettes
- ½ bouquet de ciboule
- Huile de tournesol
- Huile de sésame

1. Préchauffez le four à 200 °C (th. 6-7). Déposez les filets de saumon sur une plaque de four. Dans un bol, mélangez la sauce soja salée, le mirin et le miel liquide. Ajoutez les graines de sésame, mélangez. Nappez les filets de saumon de ce mélange.

2. Lavez les courgettes et tranchez-les en fines rondelles à l'aide d'une mandoline. Déposez-les autour des filets de saumon et ajoutez 1 filet d'huile de tournesol. Enfournez pour 15 à 18 min, selon votre goût.

3. Ciselez la ciboule. À la sortie du four, versez 1 filet d'huile de sésame sur les courgettes, parsemez le poisson et les courgettes de ciboule et dégustez aussitôt.

VARIANTE

Ajoutez ¼ de chou blanc finement ciselé sur la préparation avant de servir.

Riz aux fruits de mer et au chorizo

 **6 personnes**

 **7 min** de préparation

 **20 min** de cuisson

 **Matériel :** Four, plaque de four

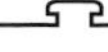

- **2 sachets de 250 g de riz à cuisson express**
- **2 boîtes de tomates concassées**
- **1 cuil. à soupe de mélange d'épices pour paella**
- **400 g de mélange de fruits de mer décortiqués surgelés**
- **2 oignons émincés**
- **2 gousses d'ail émincées**
- **6 tranches de chorizo**
- **35 cl de fumet de poisson**
- **2 cuil. à soupe de persil plat frais ciselé**
- **Sel, poivre**

1. Préchauffez le four à 180 °C (th. 6). Répandez le riz sur une plaque de four. Ajoutez les tomates concassées et le mélange d'épices pour paella, mélangez. Ajoutez le mélange de fruits de mer, les oignons et l'ail émincés et les tranches de chorizo. Remuez bien et versez la moitié du fumet de poisson.

2. Enfournez pour 10 min. Sortez la plaque du four et mélangez pour incorporer le jus rendu par les fruits de mer. Ajoutez un peu de fumet de poisson : il faut que la préparation soit humide. Goûtez puis salez et poivrez à votre convenance.

3. Remettez la plaque au four et faites cuire pendant environ 10 min supplémentaires. Au moment de servir, parsemez de persil plat et rectifiez l'assaisonnement si nécessaire.

VARIANTES

Agrémentez le riz aux fruits de mer de morceaux de blanc de poulet, de petits pois ou de petits cubes de poivron.

Côte de bœuf méli-mélo de légumes

 **4 personnes**

 **10 min** de préparation

 **15 à 20 min** de cuisson

Matériel : Four, plaque de four, gril

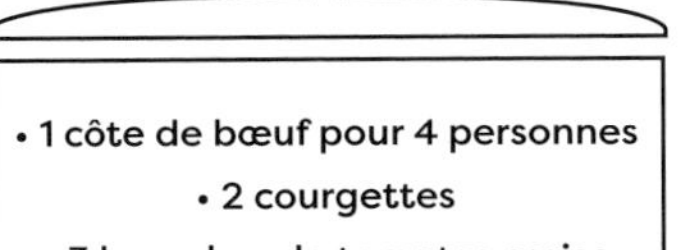

- **1 côte de bœuf pour 4 personnes**
- **2 courgettes**
- **3 branches de tomates cerise**
- **Huile d'olive**
- **Sel, poivre**

1. Préchauffez le four à 250 °C (th. 8-9). Épluchez les courgettes en forme de tagliatelles à l'aide d'un épluche-légumes. Déposez les tagliatelles de courgette sur une plaque de four et couvrez-les des branches de tomates cerise. Ajoutez 1 filet d'huile d'olive, salez et poivrez.

2. Massez la côte de bœuf avec un peu d'huile d'olive, salez-la et poivrez-la. Faites-la revenir pendant 3 min de chaque côté dans un gril. Déposez-la debout sur la plaque de four à côté des légumes. Faites-la cuire pendant 15 min pour une cuisson saignante, 20 min pour une cuisson à point. Tranchez la côte et dégustez aussitôt.

VARIANTE

Parfumez la côte de bœuf avec des sels aux herbes ou simplement des herbes aromatiques.

Cabillaud aux tomates cerise et crevettes

 **6 personnes**

 **10 min** de préparation

 **15 à 18 min** de cuisson

 **Matériel :** Four, plaque de four, zesteur, presse-agrumes

- **6 dos de cabillaud**
- **1 barquette de tomates cerise**
- **6 crevettes**
- **1 citron jaune non traité**
- **2 boules de mozzarella**
- **2 avocats**
- **1 bouquet de ciboulette ciselé**
- **Huile d'olive**
- **Sel, poivre**

1. Préchauffez le four à 200 °C (th. 6-7). Déposez les dos de cabillaud sur une plaque de four. Ajoutez les tomates cerise et les crevettes.

2. Prélevez le zeste du citron et pressez-le. Parsemez la préparation de zeste de citron et arrosez du jus de citron. Ajouter 1 filet d'huile d'olive, salez et poivrez. Enfournez pour 10 min.

3. Coupez les boules de mozzarella en six et les avocats en lamelles. Disposez les morceaux de mozzarella et les lamelles d'avocats sur les dos de cabillaud, et faites cuire pendant 5 à 8 min supplémentaires. Parsemez de ciboulette et dégustez bien chaud.

VARIANTE

Remplacez le citron jaune par du citron vert et ajoutez 1 petit piment haché. Faites cuire tout en même temps.

Sardines grillées au thym, méli-mélo d'herbes fraîches

6 personnes

10 min de préparation

6 à 8 min de cuisson

Matériel : Four, plaque de four, mandoline

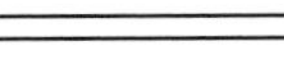

- **6 grosses sardines vidées (plus si elles sont petites)**
- **Le jus de 1 citron**
- **1 cuil. à soupe de thym**
- **2 fenouils**
- **1 bouquet de cerfeuil**
- **1 bouquet de persil**
- **1 bouquet de coriandre**
- **1 bouquet d'estragon**
- **2 cuil. à soupe de vinaigre de xérès**
- **Huile d'olive**
- **Sel, poivre**

1. Préchauffez le four à 180 °C (th. 6). Déposez les sardines sur une plaque de four, ajoutez 1 filet d'huile d'olive, le jus de citron, salez, poivrez et parsemez de thym. Enfournez pour 6 à 8 min, selon la taille des sardines.

2. Pendant ce temps, coupez les fenouils à l'aide d'une mandoline, effeuillez les bouquets de cerfeuil, de persil, de coriandre et d'estragon et ciselez les feuilles. Mettez le fenouil et les herbes dans un saladier. Versez le vinaigre de xérès et 4 cuil. à soupe d'huile d'olive, salez et poivrez. Mélangez et servez sur les sardines.

VARIANTE

Ajoutez sur les sardines 2 gousses d'ail hachées ou 3 échalotes hachées.

Spaghettis aux lardons, champignons de Paris et thym frais

 **4 personnes**

 **15 min** de préparation

 **10 min** de cuisson

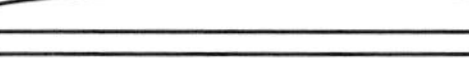

- **400 g de spaghettis**
- **10 champignons de Paris**
- **½ oignon**
- **240 g de lardons fumés**
- **2 brins de thym frais**
- **120 g de pecorino râpé**
- **1 cuil. à soupe d'huile d'olive**
- **10 g de beurre**
- **Gros sel, sel et poivre du moulin**

1. Nettoyez les champignons et coupez-les en lamelles. Pelez et émincez le demi-oignon, faites-le suer dans un poêle avec l'huile d'olive et 1 pincée de sel. Ajoutez les champignons et, une fois qu'ils ont rendu leur eau, ajoutez le beurre puis faites-les dorer. Salez et poivrez. Mettez de côté.

2. Dans la même poêle, faites dorer les lardons fumés sans ajout de matière grasse. Hors du feu, saupoudrez-les de petites feuilles de thym.

3. Faites bouillir une grande quantité d'eau salée (10 g de gros sel par litre d'eau) et plongez-y les pâtes. Dès qu'elles sont cuites al dente (vérifiez bien le temps de cuisson sur le paquet), égouttez-les.

4. Ajoutez les pâtes dans la poêle, mélangez-les aux lardons ainsi qu'aux champignons et saupoudrez de pecorino. Rectifiez l'assaisonnement si nécessaire. Dégustez chaud.

Farfalles fantasia au jambon cru et olives noires

4 personnes

15 min de préparation

13 min de cuisson

Matériel : Écumoire

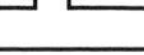

- 400 g de farfalles
- 100 g de jambon cru
- 12 olives dénoyautées
- 5 cl de vin blanc
- 15 cl de crème fraîche
- 25 cl de coulis de tomates
- 3 brins d'origan frais
- 1 cuil. à soupe d'huile d'olive
- Gros sel, sel et poivre du moulin

1. Coupez le jambon en petits dés et hachez grossièrement les olives. Dans une poêle, faites chauffer l'huile d'olive, ajoutez le jambon et les olives. Faites revenir pendant 3 min. Versez ensuite le vin blanc et faites réduire jusqu'à complète évaporation. Versez la crème fraîche et le coulis de tomates, laissez mijoter pendant 10 min. Salez et poivrez.

2. Faites bouillir une grande quantité d'eau salée (10 g de gros sel par litre d'eau) et plongez-y les pâtes. Dès qu'elles sont cuites al dente (vérifiez bien le temps de cuisson sur le paquet), égouttez-les.

3. Enrobez les pâtes de sauce, déposez-les dans des assiettes. Ciselez l'origan et saupoudrez-en sur les pâtes. Dégustez chaud.

Bucatinis aux sardines à la sicilienne

4 personnes

 **5 min** de préparation

 **12 min** de cuisson

- **400 g de bucatinis (ou autres pâtes sèches)**
- **400 g de sardines (levées en filets par votre poissonnier)**
- **3 anchois au sel**
- **50 g de raisins secs**
- **1 oignon**
- **1 petit bouquet de fenouil sauvage (ou les pluches d'un bulbe de fenouil)**
- **Quelques filaments de safran**
- **30 g de pignons de pin**
- **1 cuil. à soupe de chapelure**
- **2 cuil. à soupe d'huile d'olive**
- **Gros sel, sel et poivre du moulin**

1. Rincez sous l'eau froide les filets de sardines et épongez-les sur du papier absorbant. Rincez également les anchois et débarrassez-les de leur arête centrale. Faites tremper les raisins dans un bol d'eau tiède. Pelez et émincez l'oignon.

2. Faites bouillir une grande quantité d'eau salée (10 g de gros sel par litre d'eau) et plongez-y le bouquet de fenouil 30 s puis sortez-le avec une écumoire et gardez l'eau qui servira pour la cuisson des pâtes. Rafraîchissez le fenouil sous l'eau froide, épongez-le sur du papier absorbant et hachez-le. Prélevez un verre d'eau de cuisson et faites infuser les filaments de safran.

3. Dans une poêle, faites revenir l'oignon dans l'huile d'olive avec une pincée de sel ; une fois qu'ils sont légèrement dorés, ajoutez le fenouil, les pignons, les anchois et les raisins préalablement égouttés. Versez l'eau parfumée au safran, couvrez et faites mijoter à feu doux le temps de la cuisson des pâtes.

4. Faites bouillir à nouveau l'eau ayant servi à la cuisson du fenouil, plongez-y les pâtes. Dès qu'elles sont cuites al dente (vérifiez bien le temps de cuisson sur le paquet), égouttez-les et mélangez-les dans la poêle avec la sauce.

5. Rectifiez l'assaisonnement si nécessaire et saupoudrez de chapelure. Dégustez chaud.

DESSERTS EN 15 MIN MAX

Mug cake comme un muffin aux myrtilles

 **1 mug**

5 min de préparation

 **1 min 30** de cuisson

 **5 min** de repos

 **Matériel :** Mug, micro-ondes

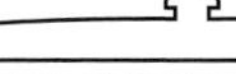

- **3 cuil. à soupe de farine**
- **1 pincée de levure chimique**
- **2 cuil. à soupe de sucre**
- **1 sachet de sucre vanillé**
- **1 cuil. à soupe d'huile de colza**
- **2 cuil. à soupe de lait**
- **1 grosse cuil. à soupe de myrtilles fraîches**

1. Dans un mug, mélangez la farine, la levure, le sucre et le sucre vanillé.

2. Ajoutez l'huile, le lait et mélangez rapidement à l'aide d'une fourchette.

3. Incorporez délicatement les myrtilles.

4. Faites cuire 1 min 30 au micro-ondes (750 W). Vérifiez la cuisson en glissant un couteau le long de la paroi du mug. Remettez à cuire 30 s si la pâte est encore liquide dans le fond. Laissez reposer 5 min avant de déguster.

VARIANTES

Vous pouvez remplacer les myrtilles par des pépites de chocolat, des framboises ou encore des raisins secs.

Mug cake aux framboises et chocolat blanc

1 mug

5 min de préparation

2 min 30 de cuisson

5 min de repos

Matériel : Mug, micro-ondes

- **30 g de chocolat blanc**
- **30 g de beurre (2 cuil. à soupe)**
- **3 cuil. à soupe de sucre**
- **1 œuf**
- **2 cuil. à soupe de lait**
- **4 cuil. à soupe de farine**
- **1 pincée de levure chimique**
- **Une dizaine de framboises**

1. Dans un mug, cassez le chocolat blanc en petits morceaux. Ajoutez le beurre et faites fondre le tout 1 min au micro-ondes (750 W). Mélangez à l'aide d'une fourchette pour faire fondre les éventuels morceaux de chocolat restants. Ajoutez le sucre et mélangez.

2. Cassez l'œuf dans le mug puis versez le lait. Mélangez vigoureusement. Ajoutez la farine, la levure chimique et mélangez de nouveau jusqu'à obtenir une pâte bien lisse.

3. Posez les framboises sur le dessus et enfoncez-les légèrement pour qu'elles se retrouvent au coeur du mug cake.

4. Faites cuire 1 min 30 au micro-ondes (750 W). Vérifiez la cuisson en glissant un couteau le long de la paroi du mug. Remettez à cuire 30 s si la pâte est encore liquide sur le dessus ou dans le fond. Laissez reposer 5 min avant de déguster.

Paris

Mug cookie

 **1 mug**

 **5 min** de préparation

 **2 min** de cuisson

 **2 min** de repos

 **Matériel :** Mug ou ramequin, micro-ondes

- 15 g de beurre (1 cuil. à soupe)
- 1 ½ cuil. à soupe de cassonade
- 1 jaune d'œuf
- 3 gouttes d'extrait de vanille
- 3 cuil. à soupe de farine
- 1 cuil. à soupe de pépites de chocolat

1. Dans un mug ou un ramequin, faites fondre le beurre pendant 1 min au micro-ondes (750 W). Ajoutez la cassonade, le jaune d'œuf, la vanille et mélangez.

2. Ajoutez la farine et mélangez de nouveau. Incorporez les pépites de chocolat.

3. Faites cuire 1 min au micro-ondes (750 W). Laissez reposer 2 min avant de déguster.

Fromage blanc léger, vanille, mûres et myrtilles

4 personnes

5 min de préparation

3 min de cuisson

Matériel : Casserole

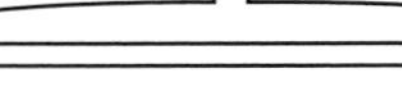

- **200 g de fromage blanc au lait de chèvre**
- **2 barquettes de myrtilles**
- **1 barquette de mûres**
- **½ gousse de vanille**
- **1 cuil. à soupe de sirop d'agave**
- **1 pincée de cannelle**

1. Lavez les myrtilles et les mûres. Mettez la moitié des fruits dans la casserole avec la pincée de cannelle et faites-les cuire pendant 3 min.

2. Ouvrez en deux la gousse de vanille, prélevez-en les graines en passant le dos de la lame d'un couteau. Mélangez-les au fromage blanc et au sirop d'agave.

3. Servez le fromage blanc à la vanille avec les fruits frais et la compotée froide ou tiède.

INFO NUTRITION

Les produits laitiers de chèvre sont plus faciles à digérer que ceux à base de lait de vache, tout en apportant protéines et calcium en quantité similaire.

Le sirop d'agave a un pouvoir sucrant plus élevé que le sucre ordinaire et son index glycémique est faible (25).

Salade de melons à la menthe

4 personnes

10 min de préparation

Matériel : Cuillère parisienne

- **2 melons de Cavaillon**
- **½ melon d'eau ou jaune**
- **1 cuil. à soupe de sirop d'agave**
- **Le jus de ½ citron jaune**
- **½ bouquet de menthe**

1. Coupez les melons en deux, enlevez les graines et, à l'aide d'une cuillère parisienne, prélevez des boules dans la chair des fruits.

2. Placez les boules de fruits dans un saladier. Arrosez de sirop d'agave et de jus de citron. Réservez au frais jusqu'au moment de servir. Parsemez la salade de menthe ciselée au dernier moment.

VARIANTES

En saison, ajoutez de la pastèque (1 belle tranche) à cette salade.

Crémeux au cacao, figues et framboises

 **4 personnes**

 **10 min** de préparation

Matériel : Mixeur

- 1 avocat
- 1 banane
- 125 g de framboises
- 2 figues rouges
- Le jus de ½ citron
- 10 cl de lait d'amande
- 4 figues sèches
- 60 g de poudre de cacao cru
- 1 cuil. à soupe d'huile de coco
- 1 cuil. à soupe de sirop d'érable

1. Coupez l'avocat en deux, ôtez le noyau et prélevez la chair. Déposez-la dans le bol du mixeur avec la chair de la banane, le jus de citron, le lait d'amande, les figues sèches coupées en morceaux, le sirop d'érable et l'huile de coco fondue. Mixez jusqu'à ce que vous obteniez une texture homogène.

2. Versez la préparation obtenue dans un saladier et incorporez-lui le cacao cru. Réservez au frais. Servez avec les framboises et les figues coupées en morceaux.

INFO NUTRITION

Le cacao contient des composés aux forts pouvoirs antioxydants. Le cacao est aussi une excellente source de magnésium, de fer et d'oligoéléments. Consommé en petite quantité, il a un effet stimulant et antistress.

Bananes flambées

4 personnes

10 min de préparation

5 min de cuisson

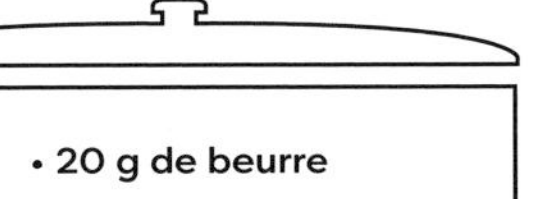

- **20 g de beurre**
- **4 bananes**
- **20 g de sucre en poudre**
- **1 cuil. à café de cannelle moulue**
- **5 cl de Grand Marnier®**

1. Faites chauffer le beurre dans une poêle. Épluchez les bananes et coupez-les en deux dans le sens de la longueur. Faites griller les bananes dans la poêle. Lorsqu'elles sont bien grillées d'un côté, retournez-les et saupoudrez-les de sucre et de cannelle.

2. Lorsque les bananes sont bien caramélisées, versez le Grand Marnier® dans la poêle et faites-le flamber à l'aide d'une allumette.

3. Lorsque la flamme s'éteint, servez les bananes flambées aussitôt.

Raisin au sirop léger à l'estragon

 **4 personnes**

 **10 min** de préparation

 **2 min** de cuisson

 **Matériel :** Petite casserole, passoire

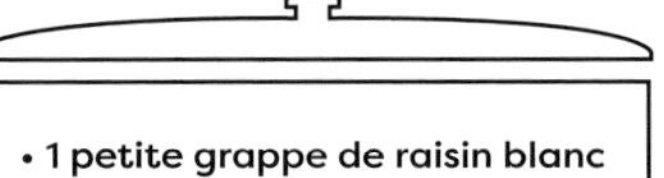

- 1 petite grappe de raisin blanc
- 1 petite grappe de raisin noir
- 6 brins d'estragon
- 2 cuil. à soupe de miel d'acacia

1. Mélangez le miel et 15 cl d'eau dans la casserole, et portez à ébullition. Ajoutez les brins d'estragon préalablement rincés et poursuivez l'ébullition pendant 1 min. Laissez infuser 5 min hors du feu, puis filtrez. Laissez refroidir le sirop avant de le placer au frais.

2. Égrenez le raisin et lavez les grains. Lorsque le sirop est bien frais, arrosez-en les grains de raisin et servez.

Gâteau sans cuisson aux Bastogne® et au chocolat

 **6 personnes**

 **20 min** de préparation

 **Matériel :** Bols, fouet électrique, casserole, saladier, spatule, plat rectangulaire

- **2 paquets de biscuits Bastogne®**
- **3 œufs**
- **180 g de beurre doux à température ambiante**
- **100 g de sucre**
- **160 g de chocolat noir**
- **20 cl de café fort (expresso ou autre, selon les goûts)**

1. Séparez les blancs d'œufs des jaunes. Montez les blancs en neige, ajoutez 50 g de sucre tout en continuant de battre.

2. Cassez le chocolat en morceaux et faites-les fondre au bain-marie. Détendez le beurre à la fourchette dans un saladier, puis ajoutez le sucre restant, les jaunes d'œufs, le chocolat fondu et 5 cl de café tiède. Mélangez bien en crème. Incorporez alors les blancs en neige. Mélangez délicatement à la spatule afin d'obtenir une belle crème.

3. Versez le café restant dans une assiette creuse. Trempez rapidement les biscuits dedans et rangez-les côte à côte dans le plat de façon à former un rectangle. Couvrez-les de crème au chocolat et recommencez l'opération. Terminez par de la crème au chocolat. En général, on fait 4 couches de crème. Gardez au frais le plus longtemps possible.

CONSEIL

Utilisez du chocolat noir extra et un café assez fort de type expresso.

VARIANTES

Remplacez les Bastogne® par des petits-beurre Lu® ou des spéculoos.

Soupe de chocolat aux fruits de la Passion

 **4 à 6 personnes**

 **15 min** de préparation

 **5 min** de cuisson

Matériel : Fouet

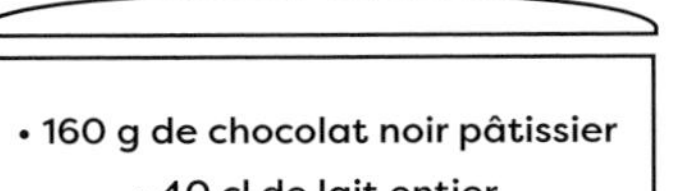

- **160 g de chocolat noir pâtissier**
- **40 cl de lait entier**
- **30 cl de crème fleurette**
- **100 g de pulpe de fruits de la Passion**
- **3 fruits de la Passion**

1. Hachez le chocolat à l'aide d'un couteau à dents (type couteau à pain). Déposez-le dans un saladier.

2. Dans une casserole, faites chauffer le lait, la crème et la pulpe de fruits de la Passion. Dès la première ébullition, stoppez le feu et versez le liquide chaud sur le chocolat. Attendez 30 s, puis mélangez délicatement avec un fouet en partant du centre, puis fouettez jusqu'à l'obtention d'un mélange homogène. Remettez sur feu doux 1 à 2 min en remuant régulièrement.

3. Coupez les fruits de la Passion en deux et récupérez les graines à l'intérieur. Versez la soupe de chocolat chaude dans des tasses et parsemez avec les graines des fruits.

Poires amandine chocolat

4 personnes

 **10 min** de préparation

 **5 min** de cuisson

 **Matériel :** Plat à gratin

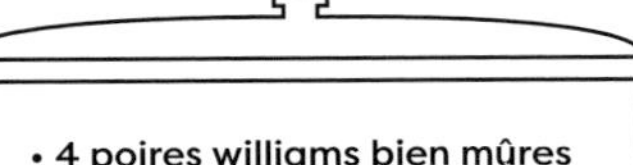

- **4 poires williams bien mûres**
- **50 g de poudre d'amandes**
- **20 g de sucre de coco**
- **15 g de beurre**
- **40 g de chocolat noir à 70 % de cacao minimum**

1. Épluchez les poires et coupez-les en deux dans le sens de la longueur, puis enlevez les trognons. Mettez-les dans un plat allant au four.

2. Mélangez la poudre d'amandes et le sucre de coco. Ajoutez le beurre en petits morceaux et mélangez du bout des doigts jusqu'à obtenir un mélange à consistance de sable.

3. Coupez le chocolat en 8 morceaux et placez un petit carré sur chaque demi-poire (dans le trou laissé par le trognon), puis recouvrez avec le mélange à base d'amandes.

4. Enfournez en position gril pendant quelques minutes jusqu'à ce que les amandes soient bien dorées (surveillez pour éviter que le dessus noircisse trop).

INFO NUTRITION

Choisissez bien un chocolat à 70 % de cacao pour cette recette : son IG est de 25 seulement, il est riche en fibres, en composés antioxydants et en théobromine, à l'origine de ses effets apaisants et antistress.

Crème de mangue

au yaourt de coco, gingembre frais râpé et coco fraîche

 **2 à 3 personnes**

 **10 min** de préparation

Matériel : Mixeur

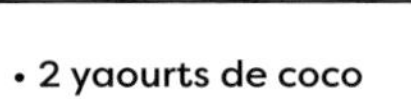

- 2 yaourts de coco
- 1 mangue
- Le jus de 1 citron vert
- 1 cuil. à soupe de miel de fleurs
- 1 cuil. à soupe de gingembre frais râpé
- 2 cuil. à soupe de lamelles de coco fraîche
- 2 cuil. à soupe de grains de grenade

1. Épluchez la mangue et mettez la chair dans le mixeur avec les yaourts de coco, le jus de citron vert, le miel et le gingembre râpé. Mixez en crème.

2. Versez dans un plat de service, des coupes ou des verres et ajoutez quelques lamelles de coco fraîche et des grains de grenade. Dégustez bien frais. Sucrez avec du miel si nécessaire.

VARIANTE

Ajoutez 1 fruit de la Passion dans la préparation.

Ananas à la menthe et basilic avec quenelles de fromage blanc

 **2 personnes**

 **20 min** de préparation

 **Matériel :** Fouet électrique, maryse

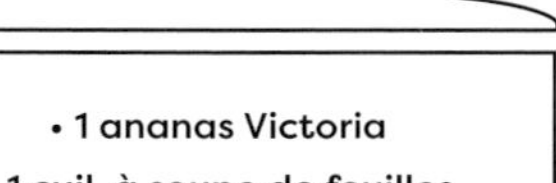

- 1 ananas Victoria
- 1 cuil. à soupe de feuilles de menthe
- 6 feuilles de basilic
- 1 cuil. à café de sucre de coco
- 1 blanc d'œuf
- 1 pincée de sel
- 1 cuil. à soupe de sucre
- 125 g de fromage blanc

1. Enlevez la peau de l'ananas et coupez-le en tranches fines comme un carpaccio. Ciselez en même temps la menthe et le basilic avec le sucre de coco. Saupoudrez le mélange sur l'ananas.

2. Montez le blanc d'œuf en neige ferme avec le sel et le sucre puis incorporez le mélange délicatement au fromage blanc à l'aide d'une maryse.

3. Réalisez des quenelles de fromage blanc à l'aide d'une cuillère et déposez-les sur l'ananas. Dégustez immédiatement.

VARIANTE

Ajoutez 1 pincée de vanille dans les quenelles de fromage blanc.

INFO NUTRITION

L'ananas possède une enzyme, la broméline, présente surtout dans la tige mais également, en proportions moindres, dans le fruit, qui permet de mieux digérer les protéines. Consommé en fin de repas, l'ananas participe ainsi au bon déroulement de la digestion.

Banane au four dans sa peau et sirop d'érable

 **2 personnes**

 **1 min** de préparation

 **15 min** de cuisson

 **Matériel :** Plat à gratin

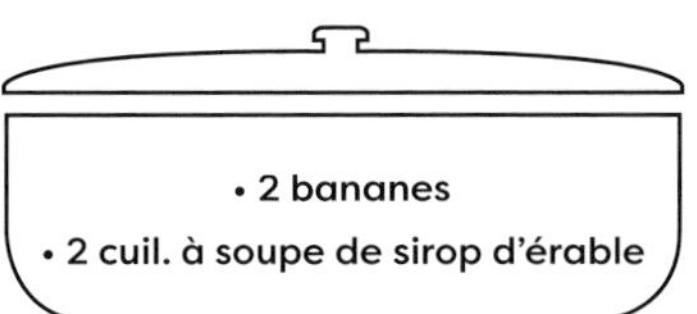

1. Préchauffez le four à 180 °C (th. 6). Déposez les bananes avec la peau dans le plat à gratin.

2. Enfournez pour 15 min de cuisson ou jusqu'à ce que la peau soit complètement noire.

3. Ouvrez la banane en deux et versez-y le sirop d'érable. Dégustez immédiatement.

VARIANTE

Remplacez le sirop d'érable par un miel parfumé (sapin, lavande, oranger ou acacia).

Banana bread au mug

1 mug

 **5 min** de préparation

 **2 min 30** de cuisson

 **5 min** de repos

Matériel : Mug, micro-ondes

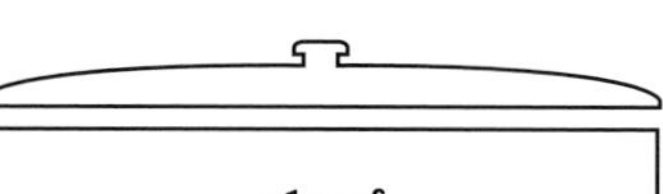

- **1 œuf**
- **2 cuil. à soupe de cassonade**
- **1 pincée de cannelle**
- **1 cuil. à soupe d'huile de tournesol**
- **2 cuil. à soupe de lait**
- **4 cuil. à soupe de farine**
- **1 pincée de levure chimique**
- **1 banane bien mûre**

1. Dans un grand mug ou dans un bol, battez l'œuf avec la cassonade à l'aide d'une fourchette.

2. Ajoutez la cannelle, l'huile et le lait. Mélangez.

3. Ajoutez la farine et la levure chimique. Mélangez de nouveau jusqu'à obtenir une pâte bien lisse.

4. Incorporez la banane écrasée.

5. Faites cuire 2 min 30 au micro-ondes (750 W). Vérifiez la cuisson en glissant un couteau le long de la paroi du mug. Remettez à cuire 30 s si la pâte est encore liquide sur le dessus ou dans le fond. Laissez reposer 5 min avant de déguster.

VARIANTES

Vous pouvez ajouter quelques noix grossièrement hachées ou des pépites de chocolat.

CARRÉMENT CUISINE

SOUPES & SALADES

100 RECETTES SAINES ET GOURMANDES

hachette CUISINE

CARRÉMENT CUISINE

TAJINES, COUSCOUS & CO

100 RECETTES MAROCAINES

hachette CUISINE

CARRÉMENT CUISINE

RECETTES EXPRESS

100 RECETTES EN 15 MIN CHRONO

hachette CUISINE

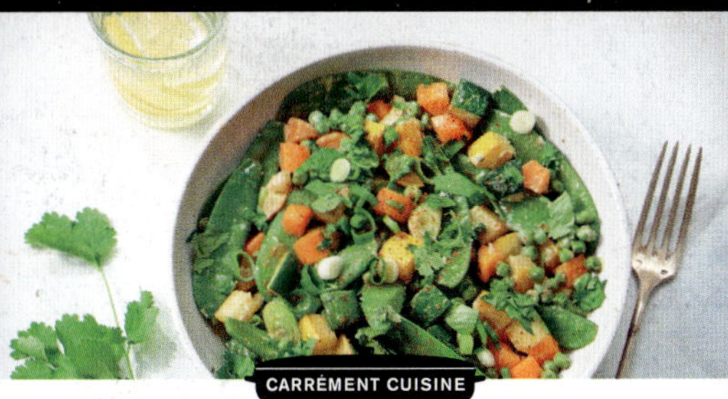

CARRÉMENT CUISINE

IG BAS

100 RECETTES SAINES ET GOURMANDES

hachette CUISINE

W0231634